Homecamp

VOM AUFBRECHEN, FREISEIN UND ANKOMMEN

Homecamp

VOM AUFBRECHEN, FREISEIN UND ANKOMMEN

Doron & Stephanie Francis

DUMONT

Inhalt

Einleitung: Warum wir aufbrechen	6
Lohn der Bewusstheit	14
Christopher Phillips erklärt, wie die Kombination aus Meditation und Fotografie ihm half, eine chronische Krankheit zu überwinden und ein in sich stimmigeres Leben zu führen.	
Wo ich parke, ist mein Zuhause	20
Mitch Williams kauft sich einen alten Kleinbus, in dem er von einem schönen Strand zum nächsten reist.	
Die Küste säubern	27
Natalie Woods und Daniel Smith gründen eine Organisation, um Strände zu säubern.	
Den eigenen Weg finden	33
Ashley Hill bricht zu einer Langstreckenwanderung über Nordamerikas Pacific Crest Trail auf und entdeckt eine neue Lebensweise für sich.	
Die Geselligkeit eines Feuers im Freien	40
Jedes Jahr lädt Karri Hedge Freunde und Familie ein, sich um das prasselnde Feuer zu versammeln.	
Im Fahrradsattel zum Glück	49
Daniel Marsh schnallt seine Welt auf ein Fahrrad und fährt durch die Halbwüste in der Mitte Australiens.	
Ein Land aus Eis und Feuer	54
Doron und Stephanie Francis sinnen über ihre Zeit an einem der entlegensten Orte der Welt nach, und Alexander Gerasimov erkundet ihn durch das Objektiv seiner Kamera.	
Die Schwesternschaft der Straße	59
Ashmore Ellis ist die Mitbegründerin eines Motorrad-Camping-Events nur für Frauen in der kalifornischen Wüste.	
Ein Heim Marke Eigenbau	64
Shane Hurt und Queenie Yehenala bauen aus einem Container ein abgelegenes Ferienhaus.	
Im Dunkeln sehen	69
Kate Armstrong führt Kinder auf nächtliche Waldspaziergänge, ohne dass irgendwelche Lichter sie leiten.	

Ein gutes Leben gestalten	74
Charlie Gladstone gründet ein Festival, das die Freuden des Draußen- und Kreativseins feiert.	
Abenteuer statt E-Mail	85
Graham Hiemstra unternimmt eine Reise nach Peru und entdeckt, wie wertvoll es ist, sich aus allem auszuklinken.	
Ein Leben im Campingbus	91
James Barkman stellt fest, dass sein winziges Zuhause auf Rädern ihm alles bietet, was er braucht, um glücklich zu sein.	
Kochen in einem kalten, surrealen Land	99
Kieran Creevy staunt beim Zelten hoch oben im Himalaya darüber, was ein Kochfeuer zu tun vermag.	
Das Gewicht der Sterne	104
Lauren Whybrow geht eine Freundin auf dem Land besuchen und entdeckt die Sterne.	
Den eigenen Füßen folgen	108
Max Blackmore gründet einen Online-Wanderführer, um es Menschen zu erleichtern, sich auf den Weg zu machen.	
Der gemeinsame Kaffee verbindet	112
Erik Gordon verbindet seine Abenteuerlust mit der Mission, anderen eine gute Tasse Kaffee anzubieten.	
Vom Sinn des Reisens	119
Matty Hannon hängt seinen Job an den Nagel, um mit seinem Motorrad von Alaska nach Patagonien zu fahren.	
Die Schönheit einer beschädigten Welt einfangen	126
Brooke Holm macht Fotos von den wilden, gefährdeten Orten der Welt, in der Hoffnung, es könnte helfen, sie zu retten.	
Die verlorene Kunst, Berge zu überqueren	135
Daniel Wakefield Pasley entdeckt die epischen Abenteuer, die man beim Überqueren von Bergen erleben kann.	

Die Kraft alltäglicher Abenteuer 140
Alastair Humphreys sagt, dass jede(r) sich auf ein Abenteuer begeben kann.

Den Lichtern nachjagen 149
Kate Armstrong erinnert sich an eine Nacht, die sie damit zubrachte, zu den Nordlichtern emporzublicken, und Ben Leshchinsky erläutert, wie er sie fotografiert.

Die Tradition von Stein und Dampf 155
Holly Gable und Angus Fulton gehen nach Finnland und entdecken die verändernde Kraft einer Sauna.

Im Tausch um die Welt 163
Shantaru Starick tauscht seine fotografischen Fähigkeiten gegen die Chance, zu reisen, ohne einen Cent auszugeben.

Ein Haus im Gleichgewicht mit der Natur 170
Michael Leung baut ein Haus aus Hanf und schafft damit ein Heim, das in Harmonie mit der Landschaft funktioniert.

Wilde Kreationen 175
Sarah Glover erkundet, warum jeder lernen sollte, wie man im Freien über einem Lagerfeuer kocht.

Der Wechsel der Gezeiten 182
Kate Armstrong und Paul Gablonski wandern an einem windgepeitschten Strand und finden einen viel wilderen Weg als den, mit dem sie gerechnet hatten.

Von Anbau, Tausch und Nachhaltigkeit 181
Matt und Lentil Purbrick ziehen aufs Land, renovieren ein altes Farmhaus und lernen, von dem Land zu leben.

Auf der Fährte der Wildbeuter 198
Heather Hillier sinnt über die uralte Tradition nach, die Natur um der Nahrung willen aufzusuchen.

Eine Flucht zur Seele der Brandung 203
Ed und Sofie Templeton geben ihre Jobs in London auf und eröffnen ein Yoga- und Surf-Retreat in Indien.

Unter dem Sternenzelt 208
Stephanie Francis gründet eine Agentur für Luxus-Camping und erlebt, was passiert, wenn Stadtbewohner die freie Natur wiederentdecken.

Das Herz der Dunkelheit 213
Inge Wegge geht an dunkle, abgelegene Strände in Norwegen, wo er ein Haus aus Treibholz baut, auf den eiskalten Wellen surft und den Abfall dokumentiert, den er findet.

Allein im Wald 218
Alison Kraner verbringt eine Nacht allein im Wald und lernt, ihre Ängste zu beruhigen.

Die vielen Kompositionen der Natur 222
Bec Kilpatrick macht Naturfotos und bietet Tipps, wie man die natürliche Welt am besten durch ein Objektiv einfängt.

Der Ruf der Wellen 232
Andy Summons zieht es zum Ozean, der ihn Lektionen lehrt, nach denen er noch heute lebt.

Wohin die Straße dich führt 236
Alexandra Oetzell verwandelt einen alten Schulbus in ein fahrbares Zuhause und fährt in den Sonnenuntergang.

Strandgut 243
James Herman dokumentiert Treibholz-Forts und vertiefte sich in die Eigenbaukultur.

Wie fängt man's an? 248
Wie man eine Auto-Campingreise plant 248
Wie man für eine Auto-Campingreise packt 249
Wie man einen Zeltplatz auswählt 251
Wie man einen Zeltplatz einrichtet 252
Wie man brauchbare Campingknoten macht 253
Wie man Feuerholz hackt 254
Wie man ein Lagerfeuer macht 256
Wie man Fleisch am Spieß brät 257
Wie man auf offenem Feuer kocht 258
Wie man Sodabrot in einem Dutch Oven backt 260
Wie man den perfekten Lagerfeuer-Kaffee kocht 262
Wie (und warum) man nach Seetang sucht 264
Wie man einen Wildrosen-Cocktail mixt 265
Wie man ein wildes Löwenzahn-Pilz-Ale braut 266
Wie (und warum) man nachhaltig campt 267
Wie man keine Spuren hinterlässt 269

Danksagungen 271

Einleitung

Warum wir aufbrechen

Vielleicht habt ihr es auch schon einmal gespürt? Eine plötzlich aufkommende Freude, ein Gefühl von Ganzheit, eine spontane Verbindung mit etwas Größerem? In jenen Momenten, wenn die Sonne auf- oder untergeht, während ihr still am Fuße eines Berges oder am Meer sitzt? Möglich, dass euch ein Schauer über den Rücken lief, euer Empfinden sich änderte und ihr eine Art Befreiung verspürtet? Dieses Gefühl ist vollkommen normal – es nennt sich Naturerleben. Ihr merkt, dass ihr in eurem tiefsten Inneren auch ein Teil dieser Natur seid.

Zum ersten Mal in der Geschichte lebt die Mehrzahl der Weltbevölkerung in städtischen Ballungsräumen. Wir haben immer weniger Gelegenheit, die Natur in ihrer Ursprünglichkeit zu erleben, und so scheint es kein Zufall, dass Stress, Fettleibigkeit, Angst, Aufmerksamkeitsstörungen und Depressionen auf dem Vormarsch sind.

Technik macht die Sache nicht besser. Einige Studien fanden heraus, dass wir unsere Kommunikationsgeräte im Schnitt unglaubliche 85 Mal am Tag auf eingehende Nachrichten checken. Paradoxerweise hat diese grenzenlose Konnektivität, die unsere Telefone und Computer uns vorgaukeln, dazu geführt, dass wir uns am Ende tatsächlich weniger miteinander verbunden fühlen.

Die Wissenschaft bestätigt allmählich, was wir intuitiv bereits wissen: dass in der Natur verbrachte Zeit – je mehr, desto besser – eine positive Wirkung auf unser Wohlbefinden hat. Sie reduziert Stress, senkt Herzfrequenz und Blutdruck, steigert die Kreativität und fördert klares Denken. Hieraus erwachsen dann moderne Phänomene wie therapeutische Campingprogramme, Waldkindergärten, technikfreie Rückzugsorte, Stadtplaner, die »grüne« Räume ins Zentrum ihrer Entwürfe stellen und Ärzte, die ihren Patienten einen Spaziergang im Park verschreiben.

Der Weg, der uns zu *Homecamp* – unserem Blog, dem Store und jetzt zu diesem Buch – geführt hat, ergab sich aus unseren Erfahrungen, als wir uns aus unserem vernetzten Leben zurückzogen und die einfachen Freuden des Lebens in der freien Natur wiederentdeckten.

Wir hatten im Lauf der Jahre das Glück, einige großartige Abenteuer zu erleben. Wir sind in Südostasien und in den Anden gewandert, haben die Tiefen des Amazonas-Dschungels erkundet, in einer der entlegensten Ecken Russlands Bären beobachtet und sind durch unser heimisches Australien und durch Neuseeland gereist. Aber es war eine Campingreise mit dem Auto in Kaliforniens High Sierra und am Küstenstreifen

Big Sur, die uns zur Gründung von *Homecamp* anregte. Wir waren frustriert, Produkte zu kaufen, die jedes Mal kaputt gingen, sobald sie ein paar Wochen in Gebrauch waren, um dann gedankenlos ersetzt zu werden, wodurch letztlich nur die Müllberge auf den Deponien wachsen. Als wir zelteten, wünschten wir uns nützliche, klug durchdachte Produkte, die ein Leben lang halten würden.

In *Homecamp* geht es nicht um das Bestreben, an die entlegensten Orte zu reisen, der größte Naturbursche zu werden oder die Wildnis zu erobern. Es geht darum, diese einfache Wahrheit zu feiern: Man muss nicht irgendetwas tun, um mit der Natur verbunden zu sein. Vielmehr reicht es völlig aus, einfach in der Natur zu sein.

In diesem Buch geht es um ganz normale unternehmungslustige Menschen – Fotografen, Architekten, Köche, Autoren, Denker, Abenteurer –, die sich auf unterschiedliche Art und Weise auf die Natur einlassen. Am Beginn all ihrer Geschichten steht der Wunsch, mit der sie umgebenden Welt verbunden zu sein, dem Alltagstrott zu entfliehen und einen anderen, wilderen, weniger ausgetretenen Pfad zu finden. Ihre Geschichten beweisen, dass ein Zurück-zur-Natur gar nicht so schwer zu bewerkstelligen ist, wie man meinen könnte.

Ganz gleich ob diese Geschichten von alternativen Lebensweisen, von einer Motorradtour über Kontinente, vom Blick auf die Sterne und vom Surfen durch eisige Wellen handeln, stets soll es auch darum gehen, euch anzuregen, mehr Zeit in der freien Natur zu verbringen. Vielleicht habt ihr schon lange vor, mit Freunden diese eine Campingtour zu machen? Oder ihr träumt von einem Leben on the road?

Vielleicht sucht ihr nach Inspiration oder überlegt, wie ihr eure eigene Outdoor-Bewegung ins Leben rufen könnt? Wir sind davon überzeugt, dass ihr auf den folgenden Seiten genau den Anstoß finden werdet, den ihr braucht. Für uns ist Camping ein Tor zur Natur, etwas das Spaß macht und wofür man nicht viel braucht. Es ist preiswert und eröffnet

demjenigen, der sich ein paar einfache Fertigkeiten aneignet, ein breites Spektrum von Abenteuern. Holz sammeln und hacken, ein Feuer machen und über der heißen Glut eine Mahlzeit zubereiten sind Aktivitäten, die beinahe so alt sind wie die Menschheit selbst. Und sie sind ungeheuer befriedigend. Der Abschnitt »Wie fängt man's an?« wird euch helfen, diese einfachen Fertigkeiten zu erlernen und eure eigenen Abenteuer zu planen, ganz gleich, ob die nun im Garten hinterm Haus oder weit draußen im Busch stattfinden.

Homecamp handelt davon, neue Wege zu finden, um bedeutungsvolle Erfahrungen zu machen und einen stärkeren Bezug zur Erde herzustellen. Wie Alastair Humphreys sagt: »Abenteuer ist eine innere Einstellung« – eine, die wir in aller Bescheidenheit zu erwecken hoffen.

·········×

Doron & Stephanie, Gründer von *Homecamp*
Sie schufen eine Lifestyle-Marke für Outdoor-Aktivitäten, die Menschen anregen möchte, sich ins Freie zu begeben und so viel Natur zu erleben wie möglich. Im Jahr 2014 eingeführt, besitzt Homecamp inzwischen eine treue Schar von Anhängern und Kunden, die, ausgerüstet mit Produkten und Fähigkeiten, die ein Leben lang halten, die freie Natur genießen möchten.

> „
> In *Homecamp* geht es darum, neue Wege zu finden, um bedeutungsvolle Erfahrungen zu machen und einen stärkeren Bezug zur Erde herzustellen.

Lohn der Bewusstheit

Als der namhafte Fotograf Christopher Phillips sich auf einer Reise nach Bolivien eine bakterielle Infektion mit Meningokokken zuzog, änderte sich sein Leben von Grund auf. Während der mühevollen Behandlung und Genesung daheim in Australien begann Christopher mit Meditation. Sie verwandelte nicht nur den Heilungsprozess, sondern auch sein Leben und seine Arbeit. Er stellte fest, dass die meditative Praxis ihn zu einem besseren Fotografen machte: Seine Aufmerksamkeit und Geduld steigerten sich, seine Sinne wurden geschärft. Heute leitet er Workshops über meditative Fotografie in Naturräumen.

Die Idee, Meditation mit Natur und Fotografie zu verbinden, kam mir, nachdem ich an Meningokokken erkrankt war. Ich leistete Freiwilligenarbeit auf einer Tierstation im Amazonasbecken, und steckte mich dort mit den Bakterien an.

Nach Australien zurückgekehrt, ließ ich mich zwei Jahre mit den Methoden der westlichen Medizin behandeln – jedoch ohne nennenswerten Erfolg. Also begab ich mich auf eine Reise zu alternativen Therapien, die mich zu den Praktiken der Ayurveda-Medizin und zur Meditation führte.

Nach meiner ersten Meditationswoche verspürte ich sowohl eine mentale als auch eine körperliche Veränderung. Mir war, als würde mein Körper sich beruhigen, nachdem er ein Leben lang gehetzt worden und nicht im Einklang mit sich gewesen war. Mir kam es so vor, als würde ich mich geistig sanft öffnen und entspannen. Plötzlich begriff ich bislang verborgene Aspekte meines Lebens, die ich vorher nicht hatte sehen können, als Teile von mir.

Diese Erfahrung hatte tiefgreifende Auswirkungen auf meine fotografische Arbeit und auf mein tägliches Leben. Wenn ich nun vor dem Beginn eines Fototermins meditierte, merkte ich, dass ich auf mehr Details aufmerksam wurde, als mir das früher gelang. Ich hatte das Gefühl, dass ich Teil des Augenblicks war. Ich wurde geduldiger, mein Vorstellungsvermögen erweiterte sich und meine Verbindung mit meinen Motiven wurde inniger.

Mit dieser Mischung aus Meditation und Fotografie experimentierte ich weiter und stellte fest, dass das Gefühl der Verbundenheit verstärkt wurde, wenn ich mich in der Natur aufhielt. Die Natur bietet weniger Ablenkung, lädt aber zugleich dazu ein, neugierig zu sein und ganz im Augenblick aufzugehen; das Gefühl, mit der Natur verknüpft zu sein, ermöglichte mir, mich ganz auf sie einzulassen. Und je mehr ich übte, desto mehr wurde diese Verbundenheit Teil meines täglichen Lebens.

Ich fing an, vor Tagesanbruch aufzustehen, um zu einem Nationalpark zu fahren, sodass mir gerade genug Zeit blieb, um im Auto zu meditieren, bevor die ersten Sonnenstrahlen durchbrachen. Dann fing ich langsam an, die neue Landschaft zu erkunden, wobei ich mich von all den Anblicken, Geräuschen und Gerüchten des Waldes verzaubern ließ und meinen Verstand ausschaltete, um mich vollständig in das Beobachten zu vertiefen. Nach diesen meditativen Übungen in der Natur fühlte ich mich entspannt, konzentriert und erfüllt. Die für die Fotografie erforderliche fokussierte Aufmerksamkeit erlaubte es mir, tiefer einzudringen.

„

Das Gefühl, mit der geduldigen Natur verbunden zu sein, ermöglichte mir, mich ganz auf sie einzulassen.

Ich bemerkte, dass es meiner Vorgehensweise Struktur verlieh und ich mich stärker in einem Moment verlieren konnte. Mein Fokus galt den grundlegenden Elemente der Fotografie: Highlights und Schatten, Farbe, Form und Struktur. Um mich im gegenwärtigen Moment zu verankern, achtete ich auf die Empfindungen meines Körpers, angefangen bei meinen Händen, Füßen und den Stellen, an denen meine Kleidung meinen Körper berührte. Als ich fokussierter und sensibler wurde, konzentrierte ich mich nur darauf, wie mein Atem in meine Nasenlöcher eindringt und sie wieder verlässt.

Mein Gefühl, vollkommen da zu sein, begann sich zu verstärken; ich konnte mich auf das konzentrieren, was ich fotografierte, aber ich gab auch diese andere Bewusstseinsebene, die alles beobachtete, was ich tat. Diese Routine, sich Zeit zu nehmen, um meinen Geist zu beruhigen, nicht auf die urteilende, analytische Seite des Denkens zu achten und sich in die pulsierenden Frequenzen der Natur einzuleben, begann Veränderungen zu bewirken. Nicht nur auf die Qualität meiner Fotografie, sondern auch auf die Qualität und Tiefe meiner Verbindung zum Leben.

·········×

„Dann fing ich langsam an, die neue Landschaft zu erkunden, wobei ich mich von all den Anblicken, Geräuschen und Gerüchten des Waldes verzaubern ließ.

Interview

Wo ich parke, ist mein Zuhause

Mitch Williams entwickelte eine Leidenschaft für VW-Busse, nachdem er klassische Surf-Filme
aus den 1970ern gesehen hatte. Er träumte immer von einem Leben im Campingbus, wie er das Bett planen würde
oder wie sich der Stauraum maximal erweitern ließe. Irgendwann erstand er einen klassischen Nissan E20
Baujahr 1978 mit Vier-Gang-Getriebe und Lenkradschaltung, und nachdem er ihn in ein funktions-
tüchtiges winziges Zuhause verwandelt hatte, wohnte er mit seiner Freundin darin. Sie reduzierten das Leben auf
die einfachsten Freuden und materiellen Notwendigkeiten, erwachten jeden Morgen zum Sonnenaufgang
und pendelten zwischen Zeiten in der Natur und Mitchs Alltag als Grafikdesigner in Melbourne, Australien.

Erzähl uns von deinem Bus!
Ein Jahr lang sah ich mich intensiv nach einem Kleinbus
um, recherchierte und sprach mit Freunden und Kollegen,
die einen Bus besaßen. Das einzige, was ich wusste, war, dass
er retro sein musste, vorzugsweise aus den 1970ern, genau
wie die in den alten Surf-Filmen. Ich stehe total auf
Morning of the Earth und *The Endless Summer.* Diese Jungs
lebten den Traum.

Der Bus läuft echt gut für sein Alter, obwohl er manchmal
Mühe hat, Berge hochzukommen. Auch der Rückwärtsgang
klemmt (die Schaltung ist ziemlich hakelig). Es ist einer
von diesen Motoren, die man nach Klang und Gefühl fährt.
Wenn er hochtourig dreht, nimmt man ein bisschen Gas
weg und lässt ihn im Leerlauf rollen, wenn der Sitz anfängt
warm zu werden, bedeutet das, dass der Motor heiß wird;
etwas frustrierend manchmal, aber das ist das Schöne an
diesen alten Dingen. Man muss sie nur richtig behandeln,
dann haben sie keinen Grund, nicht mehr zu funktionieren.

**Wie bist du darauf gekommen, dir einen
Campingbus anzuschaffen?**
Die Vorstellung, morgens aufzuwachen und die Brandung zu
checken, ohne aus dem Bett zu steigen, hat mir echt unheimlich gefallen. Es ist, als hätte ich ein Haus direkt am Strand an
allen meinen Lieblings-Surfplätzen.

**Hast du mal für eine längere Zeit in deinem Bus
gelebt, und wie hat das deinen Lebensstil verändert?**
Direkt nachdem ich den Bus gekauft hatte, wohnten meine
Freundin und ich zwei Monate darin auf einer Farm im
Yarra Valley im australischen Bundesstaat Victoria. Wir liebten
es, uns von der aufgehenden Sonne wecken zu lassen, ganz
ohne Wecker; die Sonne schien direkt durch das Fenster, und
wir wurden einfach wach! Der Umzug in den Bus bedeutete, dass wir fast alles, was wir besaßen, rigoros wegwerfen
mussten, bis auf das, was wir tagtäglich brauchten: ein paar
Kleidungsstücke, einige Paar Schuhe, Lautsprecherboxen,
Skateboards, Surfbretter, Neoprenanzüge, eine Gitarre, eine
Kaffeemühle und eine Kaffeekanne. Ganz zu schweigen von
den kleinen Dingen, um es möglichst gemütlich zu machen:
Pflanzen, Räucherstäbchen, Bücher, Bilder und nicht zu
vergessen: das Mückenspray! Ein Vollzeit-Busbewohner zu
werden und das einfache Leben zu leben ist ziemlich befreiend; es ist eine Lektion in Bescheidenheit.

Was war dein schönster Moment im Bus?
Wir hatten unzählige fantastische Momente in unserem
Bus. Ich werde nie die erste Tour vergessen, die wir machten, die Great Ocean Road runter. Es war mein Traum
gewesen, sie mit meinem eigenen Bus zu befahren, und es
fühlte sich fast unwirklich an, als wir es tatsächlich taten:
Wir hielten an und surften, wenn wir eine Welle fanden,
und schlugen unser Lager an Stellen mit tollen Aussichten
aus, die wir bisher immer nur im Vorbeifahren genossen
hatten. Es war ein Wahnsinnsanfang als Busbesitzer.

Was bedeutet das Leben im Campingbus für dich?
Im Prinzip geht es darum, dass man ständig auf Abenteuerfahrt ist und die Dinge genießt, die man wirklich liebt. Das Leben im Campingbus ist die ultimative Freiheit. Für mich ging es letztlich auch darum, mich von meinen langfristigen Plänen zu verabschieden und einen Schritt zurückzutreten, um meine Zukunft aus einer anderen Perspektive zu betrachten. Durch das Leben im Bus habe ich diese kleinen fantastischen Momente im Leben schätzen gelernt, die man für selbstverständlich hält, oder die man leicht vergisst: draußen zu kochen, die Sonne auf- und untergehen zu sehen, aus dem Bett zu steigen und sofort draußen zu sein (da wird man richtig wach), Kerzen als Lichtquelle und nicht nur des Geruchs wegen zu benutzen und mit einem Blick nach oben zu den Sternen einzuschlafen.
·········×

> „
> Im Prinzip geht es darum, dass man ständig auf Abenteuerfahrt ist und die Dinge genießt, die man wirklich liebt.

> Es ist, als hätte ich an allen meinen Lieblings-Surfplätzen ein Haus direkt am Strand. Ein Zimmer mit Aussicht – wer will das nicht?

In einem Campingbus zu leben, bedeutet für den Busbewohner Mitch Williams, dass er die Möglichkeit hat, aufzuwachen, sich aus dem Bett zu wälzen und sich direkt an einem seiner Lieblingsstrände wiederzufinden, darunter die entlang der Great Ocean Road außerhalb seiner Heimstadt Melbourne in Australien.

Die Küste säubern

Das erste Stück Abfall, von dem Natalie Woods noch weiß, wie sie es aus dem Sand zog, war ein alter Brotkorb, der weitab von jeder Bäckerei an einen Strand gespült worden war. Sie war damals auf Sinnsuche, überlegte, ob man noch anders leben könnte als jeden Tag acht Stunden im Büro zu hocken. Nachdem sie dieses eine Stück Plastik aufgesammelt hatte, fing Natalie an, vermüllte Strände ausfindig zu machen – solche, die von normalen Strandbesuchern gemieden wurden. Sie reinigte einen Strand, dann noch einen und noch einen, die Abfallflut schien kein Ende zu nehmen. Derart beflügelt, gründete sie zusammen mit ihrem Partner Daniel Smith das *Clean Coast Collective* – eine Organisation, die es sich zur Aufgabe gemacht hat, Australiens Küsten zu säubern.

Wir hatten uns nie vorgenommen, eine Strandreinigungs-Organisation zu gründen oder überhaupt Strände aufzuräumen. Ich bin mir nicht mal sicher, warum wir dieses erste Stück Abfall aufgehoben haben. Es war so eine braune Brotkiste aus Plastik, wie man sie, randvoll mit frischen Brötchen, in jeder Schulmensa sieht. Aber diese hier war mit Muscheln bewachsen und lag an einem Strand. Offenbar war sie eine Weile im Meer gewesen. Wir hoben sie einfach auf, ohne groß nachzudenken, und zogen sie auf dem Rückweg hinter uns her.

Wir waren an einem Punkt in unser beider Leben angelangt, wo wir nach etwas suchten, das uns mehr Erfüllung bot als unsere Bürojobs und ein Leben mit geregelten Arbeitszeiten. Wir steckten voll im Alltagstrott, arbeiteten durch von Montag bis Freitag und flüchteten dann am Wochenende an den Strand. Immer dasselbe, Woche für Woche, bis wir dieses eine Stück Abfall fanden.

Von da an wurden wir zu Sonderlingen, getrieben von dem Wunsch, verschmutzte Strände ausfindig zu machen und sie zu säubern. Es war wie eine Schatzsuche: Wir studierten Karten der Küstenlinie, um zu sehen, welche Strände am meisten betroffen sein könnten; wir richteten uns nach den aktuellen Informationen zum Wellengang, nicht um zu surfen, sondern wegen des nächsten Südwinds, mit dem das Meer weiteres Plastik an die Küste spülen würde. Wir sprachen mit Einheimischen entlang der Küste, die von Stränden wussten, die voller Plastik waren: »Oh ja«, sagten sie jedes Mal, »ein paar Freude sind dort gewandert, und sie meinten, der Strand sei übersät mit Angelbojen! Es war in der Nähe dieser Landzunge, aber ich bin mir nicht sicher, wo genau …«

Die Leute in unserem damaligen Umfeld müssen gedacht haben, wir hätten den Verstand verloren. Wir selbst glaubten vielleicht sogar, uns einer edlen Sache verschrieben zu haben, wenn wir so viel Zeit dem Land und dem Meer widmeten. Aber wir profitierten mindestens so sehr davon wie die Umwelt. Wir hatten nun einen Vorwand, unsere früheren Erkundigungen weiter auszudehnen, wobei wir neue Strände und Küstenabschnitte ausfindig machten. Anfangs führten unsere Touren uns zu neuen Stränden in der Umgebung – und am Ende um die gesamte Küstenlinie Australiens.

Wenn wir bei unseren Strandsäuberungsaktionen stundenlang durch den Sand wanderten, verfielen wir unwillkürlich in beinahe meditative Zustände. Manchmal liefen wir nebeneinander, unterhielten uns über dies und das, aber meistens machten wir uns in unterschiedliche Richtungen auf und ließen uns von Ebbe und Flut des Abfalls auf unsere eigenen Abenteuer entführen. Wir vergaßen unsere täglichen Checklisten und gingen bald ganz in unserer momentanen Umgebung auf … »Riecht die Luft nicht salzig heute?« oder »Wie der Sand unter meinen Zehen knirscht« oder »Ich hab noch nie einen Seeigel von dieser Farbe gesehen«.

"

Wenn wir bei unseren Strandsäuberungsaktionen stundenlang durch den Sand wanderten, verfielen wir unwillkürlich in beinahe meditative Zustände.

Es gab keinen Grund, Stress wegen einer E-Mail zu haben, die geschrieben werden musste, oder wegen Aufgaben, die auf Erledigung warteten. Wir waren zu weit weg von unseren Computern. Die Suche nach Müll zog unsere Aufmerksamkeit in die Gegenwart und lenkte uns ab von der »realen Welt«, wenn auch nur für diese wenigen Stunden.

Manchmal kreuzten alten Seebären unsere Pfade: Männer, die fast ein Jahrhundert an der Küste lebten und schroff murmelte: »Ihr verschwendet eure Zeit. Ihr werdet es nicht schaffen, dieses Unheil zu beseitigen«. Wir aber lächelten und machten weiter. Mag sein, dass sie Recht haben und das Problem zu groß ist, als dass wir es lösen können. Aber es schadet doch nicht, es zu versuchen?

·········×

> „
> Manchmal liefen wir nebeneinander und plauderten über dies und das, aber meistens liefen wir in verschiedene Richtungen, ließen uns von der Ebbe und Flut des Abfalls in unser eigenen Abenteuer treiben.

Interview

Den eigenen Weg finden

Ashley Hill hatte keinerlei Wandererfahrung, als sie beschloss, den Pacific Crest Trail in Nordamerika
zu wandern. Ihre Mutter war vor Kurzem im Alter von 55 Jahren an Krebs gestorben, und Ashley brauchte Zeit,
um zu trauern, und Raum, um sich weiterzuentwickeln. Sie wusste, dass sie ihren Träumen folgen und
das Leben voll auskosten musste, ganz gleich wie verrückt es schien. Also brach sie in Richtung Süden auf und
wanderte allein von Kanada nach Mexiko. Die Tour sollte ursprünglich sechs Monate dauern, aber
drei Jahre später wandert Ashley immer noch, sucht das Abenteuer und entdeckt sich unterwegs selbst.

**Was ist der Pacific Crest Trail (PCT), und
was hat dich zu dem Entschluss bewogen, ihn als
dein erstes Abenteuer allein abzuwandern?**
Der PCT ist ein Stück Vollkommenheit. Im Wesentlichen
handelt es sich um einen 4265 Kilometer langen Wanderweg
von Kanada nach Mexiko, der durch die US-Bundesstaaten
Washington, Oregon und Kalifornien führt. Die Route
durchquert 25 nationale Wälder und sieben Nationalparks,
von glühend heißen Wüsten bis zu schneebedeckten Viertausendern. Ich bin allein gewandert, um den Tod meiner Mutter
besser verarbeiten zu können. Ich suchte Einsamkeit und die
körperliche Herausforderung, um zu trauern und um mich
weiterzuentwickeln.

Wie fandest du die Erfahrung als Alleinwanderin?
Es war alles, wonach ich gesucht hatte und noch so viel mehr.
Es wurde mein Zen. Ich fühle mich nie allein, wenn ich dort
draußen bin. Das Ego löst sich auf, und ich habe das Gefühl,
Teil von etwas zu werden. Ich kriege auch nur selten Angst.
Das hat mich überrascht, schließlich komme ich aus der
Großstadt und war in meinem alten Leben ein sehr soziales
Wesen. Klar, es gibt Zeiten, wo ich wünschte, ich könnte den
Sonnenuntergang oder eine spektakuläre Aussicht mit einem
geliebten Menschen teilen, aber ich habe meine Kamera, und
habe mich mit meinem Schatten angefreundet, also was soll's.

**Auf dem Trail bist du unter dem Namen Bloody Mary
bekannt. Wie bist du zu dem Namen gekommen?**
Auf amerikanischen Thru-Hikes, Langstreckenwanderungen,
bei denen Fernwanderwege in voller Länge in einem bestimmten Zeitraum bewältigt werden, ist es Tradition, dass
man für irgendetwas Blödes, das man getan hat, einen
Trail-Namen bekommt. Oft übernehmen Wanderer den
Namen als eine Art neue Identität und geben ihren Geburtsnamen ganz auf.

Ich litt früher an einer Krankheit, die ich gerne »betrunkene Füße« nenne und bei der ich im Schnitt dreimal am
Tag hinfiel. Ich war einfach total abgelenkt durch die ganze

Schönheit der Berge! Folglich waren meine Beine am Anfang ein einziges blutiges Fiasko. Als ich meinen zweiten
Versorgungsort erreichte, wo ich mich mit Lebensmitteln eindecken wollte, war ich über und über bedeckt mit Pflastern.
Ich fragte die Kellnerin im Diner, ob ich eine Bloody Mary
bekommen könnte, und sie taufte mich auf der Stelle um!

**Was hat dich bewogen, weiter das Abenteuer zu
suchen, nachdem du den PCT hinter dir hattest?**
Das Langstreckenwandern hat mein Leben verändert. Ich
habe so viel über mich selbst herausgefunden, während
mir zugleich klar wurde, wie wenig ich über die Welt um
mich herum wusste. Als ich den PCT beendete, war meine
Situation genau die, die es brauchte, um weiterzumachen;
ich hatte meinen Job aufgegeben, war aus meiner Wohnung
ausgezogen, hatte alle Rechnungen beglichen und mich von
den meisten materiellen Besitztümern getrennt. Ich hatte
etwas entdeckt, das mir ungeheuren Frieden und Freude
bescherte. Ich lernte, dass ich ein unglaublich fähiger Mensch
bin, und war nun überzeugt, dass ich Dinge vollbringen
konnte, die ich früher nie für möglich gehalten hätte.

**Nachdem du den PCT und den Pacific Northwest
Trail geschafft hattest, bist du nach Neuseeland
gegangen, um den Te Araroa (TA) abzuwandern.
Kannst du diese Wanderung beschreiben?**
Der TA ist eine 3000-Kilometer-Route, die sich über die
Länge der beiden Hauptinseln erstreckt, vom Cape Reinga im
Norden bis nach Bluff im Süden. Er beginnt an dem schier
endlosen 90 Mile Beach, darauf folgt eine bergige, höchst
amüsante Schlammgrube! Man watet tagelang durch Flüsse,
anschließend tollt man mit den Schafen durch hügeliges
Farmland. Dann paddelt man acht Tage den Whanganui River
hinunter und quält sich über abenteuerliche Gebirgspässe,
bei denen man sich unwillkürlich fragt, ob man mit dem
Leben davonkommt. Erwähnenswert ist noch, dass etwa
30 Prozent der Route über asphaltierte Straßen mitten durch
große Städte und Wohngebiete verlaufen, die so buchstäblich

Als Ashley Hill mit dem Langstreckenwandern anfing, fühlte sie sich stark, geerdet, gefordert und mit sich im Reinen. Entgegen all ihren Erwartungen stellte sie fest, dass das Alleinsein sie aufgeschlossener machte für die Freuden der Wanderwege, die sie ablief, etwa des Te Araroa in Neuseeland.

zweigeteilt werden. Für mich ist der Te Araroa mehr eine Reise durch ein Land als ein Trail, eine Reise mit einzigartigen Herausforderungen an jeder Ecke.

Wie fandst du das Wandern in den Landschaften Neuseelands im Gegensatz zu Nordamerika?
Die Wanderwege in Neuseeland sind auf jeden Fall extremer als die etablierteren Routen in den Vereinigten Staaten. Serpentinen, bei denen ein Weg im Zickzack einen Berg hinaufführt, um den Anstieg zu erleichtern, scheinen dort nicht zu existieren. Man geht einfach direkt nach oben und über die Kuppe! Und warum sich Gedanken über die Anlage eines Weges neben einem Fluss machen, wenn man einfach stundenlang mitten hindurch marschieren kann? Den Modder werde ich nie vergessen – Modder und Schlick, die mir manchmal bis zu den Oberschenkeln gingen.

Andererseits ist der TA extrem gut markiert, was die Navigation sehr viel leichter macht als auf anderen Routen, die ich abgewandert bin. Außerdem besitzt die Route ein eindrucksvolles Hüttennetz, das eine willkommene Zuflucht vor der Witterung bietet. Auf der Wanderung kann man die vier Jahreszeiten an einem einzigen Tag erleben, und Unterkühlung und Ertrinken sind echte Gefahren im Hinterland, also sind diese Hütten wunderbar. Mühe bereitete mir die ganze Straßenlauferei, aber alles in allem war der Te Araroa eine tolle Erfahrung, und ich würde rein gar nichts ändern.

Du hast von deiner Liebe zum Cowboy-Camping gesprochen. Was ist das?
Cowboy-Camping ist meine Lieblingsentdeckung in der Outdoor-Welt. Es bedeutet einfach, dass man direkt unter den Sternen schläft. Es dauerte fast einen Monat, bis ich den Mut aufbrachte, es schließlich auszuprobieren, aber seit diesem Tag errichte ich ein Schutzdach nur noch, wenn es zu regnen oder zu schneien droht. Ich liebe es, die Sterne zu beobachten. Außerdem bin ich ziemlich faul, und auf diese Weise spare ich die Zeit fürs Zelt Aufbauen und Saubermachen.

Welches sind die befriedigendsten Momente einer Wanderung?
Wenn man merkt, dass man 90 Tage am Stück über das ganze Gesicht gelächelt hat. Wenn man anfängt, den Zyklus des Mondes als Kalender zu benutzen. Wenn man vergisst, wie man aussieht, weil es so lange her ist, dass man in einen Spiegel geblickt hat. Wenn man den Geschmack von Wasser genau bestimmen kann; ich habe nie gewusst, dass nichts auf Erden besser schmeckt als frisches Quellwasser, das aus einem Berg sprudelt. Wenn man um drei Uhr morgens seinen Tag beginnt und die Stirnlampe einem den Weg gerade so weit erleuchtet, dass man in den Sonnenaufgang laufen kann. Ach, auf einer Wanderung ist einfach fast alles befriedigend!

Wie schaffst du es, auf Langstreckenwanderungen das Gewicht deines Rucksacks zu begrenzen?
Der erste Schritt besteht darin, sich zu überlegen, was absolut unerlässlich ist. Wenn ich für eine Tour packe, fang ich mit dem Überlebensnotwendigen an: Witterungsschutz, Schlafsachen, Wasserfilter, Navigationssystem, Kleidung, Erste-Hilfe-Set und ein Rucksack, mit dem ich alles transportieren kann. Dann versuche ich jedes dieser Dinge leichter zu machen. Beispielsweise halbiere ich meine Zahnbürste und entferne von meiner Kleidung sämtliche Etiketten, Zipper und Taschen. Ich kürze unnötige Riemen an meinem Rucksack und schneide von meinen Karten die Ränder ab, um Gewicht zu sparen. Dann versuche ich, meine Ausrüstung möglichst mehrfach zu nutzen: Zahnseide und eine Nadel dienen auch als Nähzeug; meine Plane wird auch als Regenponcho genutzt, so muss ich keine zusätzliche Jacke mitnehmen. Bei allem anderen frage ich mich, ob es sein Gewicht wert ist. Mein Kocher ist der pure Luxus. Ich kann mit kaltem Essen auskommen, aber das wäre nicht sehr angenehm, also trage ich gerne einen. Seife und Deo – nö, ich dusche, wenn ich in die Stadt komme!

·········×

> **„**
> Ich habe so viel über mich selbst herausgefunden, während mir zugleich klar wurde, wie wenig ich über die Welt um mich herum wusste.

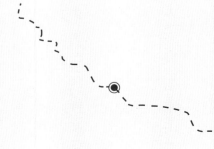

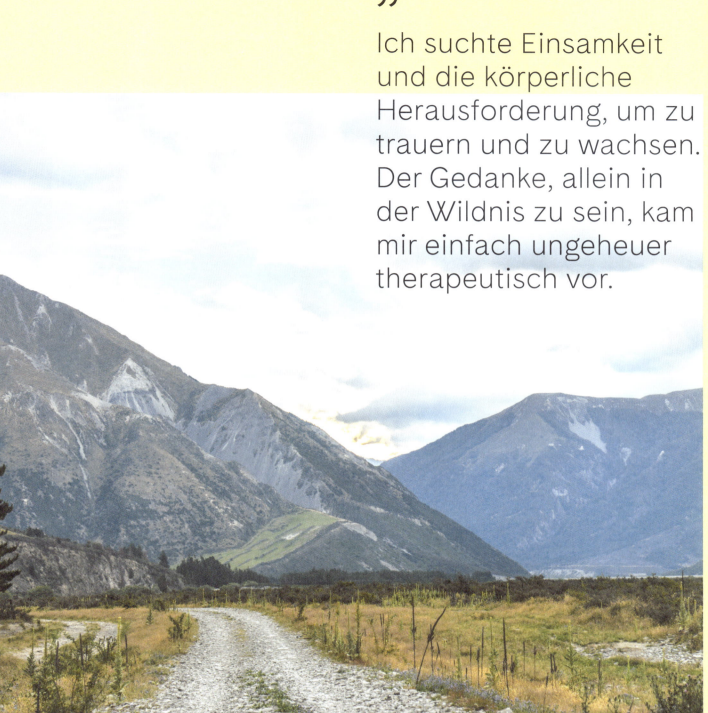

> Ich suchte Einsamkeit und die körperliche Herausforderung, um zu trauern und zu wachsen. Der Gedanke, allein in der Wildnis zu sein, kam mir einfach ungeheuer therapeutisch vor.

Die Geselligkeit eines Feuers im Freien

Mit ihrem jährlichen großen Feuer konnte Karri Hedge daran erinnern, wie die Zeit verging. Das Ereignis fand immer kurz vor Anbruch des Winters statt, bevor die bittere Kälte einsetzte. Einladungen wurden an Familienangehörige und Freunde verschickt, die aufgefordert wurden, ins ländliche Australien zu kommen, wo Karri und ihre Familie Wochen damit zugebracht hatten, ein riesiges Gebilde aus Ästen und Zweigen zu errichten. Sobald das Feuer entzündet war, fielen alle sozialen Schranken und jeder Dünkel war vergessen. Neue und alte Freunde drängelten sich am Feuer, legten Holz nach, plauderten, schwiegen, berauscht vom Wein und der betörenden Macht der Flammen.

In der Einladung hieß es immer, man solle seine wärmsten Sachen tragen. Aber jedes Jahr fürchtete ich, dass irgendjemand nicht kapieren würde, wie kalt es hier draußen werden kann. Daher legten wir alte Mäntel, Mützen und Schals auf einem Haufen bereit, für alle Fälle.

In der Woche vor dem Feuer wurde ich immer zur besessenen Wetterbeobachterin. Waren es noch sieben Tage hin, wurden regelmäßig sintflutartige Regenfälle und stürmische Winde vorhergesagt, und ich geriet in Verzweiflung. Sechs Tage vorher hieß es, das Unwetter käme wohl einen Tag früher, und uns würde nichts passieren! Fünf Tage vorher brach wieder der Trübsinn aus. Drei Tage vor dem Event konnten wir uns meist auf den Wetterbericht verlassen, was mich aber nicht davon abhielt, für ein rechtzeitiges und zuverlässiges Wunder zu beten.

Ich weiß nicht, warum ich mir Jahr für Jahr Gedanken über das Wetter machte. Denn die Party fand natürlich trotzdem statt. Manchmal flüchteten wir vor dem Regen und drängten uns drinnen um den Ofen, und manchmal saßen wir draußen und bestaunten den kristallklaren, sternenübersäten Himmel.

"

Ein Feuer in der Dunkelheit hat etwas Intimes und Beglückendes.

Am Vortag rief mein Vater für Gewöhnlich nachmittags die örtliche Feuerwehr an, um sie über das Feuer in Kenntnis zu setzen – was man als verantwortungsbewusster Mensch eben machte. »Das stimmt, zwei Kubikmeter«, sagte er jedes Mal, wobei er mir zuzwinkerte. Es waren mehr als zwanzig.

Freunde, die zum ersten Mal hier waren, bahnten sich neben erfahrenen Stammgästen ihren Weg durch die schwarze Nacht, bis man ihnen sagte, sie sollen stehenbleiben. Noch hatten sie keine Vorstellung davon, wie hoch die aufgestapelten Äste sie überragten – wo der Holzstoß anfing oder endete.

Dann wurden im Schein eines Handydisplays die zwischen die Zweige gestopften Zeitungen und Anzünder einer nach dem anderen angesteckt. Sie loderten verheißungsvoll auf, und wir jauchzten und jubelten. Doch diese Feuerchen verzehrten sich schnell selbst und hinterließen nichts als ein paar in der Dunkelheit glimmende Zweige.

Jetzt war es wieder einmal Zeit für meinen Vater, das Kerosin zu holen. Es hatte noch nie ohne funktioniert, aber er ging es trotzdem jedes Mal erst jetzt holen und versprühte es dann großzügig, wobei es auch über Gummistiefel und in Becher mit Wein spritzte. Es machte ein befriedigendes *whump*, wenn es angezündet wurde, aber verpuffte dann folgenlos, wie wir alle schon ahnten. Jedes Mal.

Man besprach Strategien, eine bessere, trockenere Stelle mitten in dem Holzstoß wurde gefunden und die Anzündprozedur wiederholt: Zeitungen, Feueranzünder, Streichhölzer. Auf der anderen Seite des riesigen Astgewirrs machten sich jetzt knisternd die zaghaften Flammen eines rivalisierenden Teams bemerkbar und spornten uns an. Wir hüteten unser Feuer und versorgten es liebevoll mit trockenen Zweigen und Blättern.

Einige begnügten sich damit, zuzusehen. Andere gaben die Einsatzleiter und debattierten über die Feuchtigkeit des Holzes oder die Richtung des Windes. Und dann waren da noch die Macher. Sie brachten Stirnlampen mit, damit sie das trockenste Anmachholz am Fuße des Feuers finden konnten. Sie arbeiteten unermüdlich und versorgten die immer gierigeren Flammen, bis diese sich schließlich selbst unterhielten.

Nun kletterten die Flammen rasch und erhellten die Gesichter der Umstehenden mit ihrem orangefarbenen Schein. Der Ring der Zuschauer wich allmählich zurück, alle drehten sich wie Lämmer am Spieß, während sie sich an der glühenden Hitze wärmten.

Ein Feuer in der Dunkelheit hat etwas Intimes und Beglückendes. Paare kuscheln sich aneinander und starren in die Flammen – mit glänzenden Augen, die Arme ineinander verschlungen. Kinder stochern mit langen Stöcken in den Flammen herum und kichern über den Funkenregen, den sie dabei in die Luft schicken. Zuweilen ertönt solidarischer Jubel, wenn jemand das Symbol einer sorgenschweren Vergangenheit ins Feuer wirft: ein rituelles Opfer für einen Neuanfang.

Sobald das Feuer schwächer wurde, schlenderten die Leute nach und nach in Richtung Haus, um sich noch etwas zu trinken zu holen oder die Kinder ins Bett zu bringen. Schließlich folgten alle, berauscht vom Feuer und vom Wein. Bis in die frühen Morgenstunden wurden Spiele gespielt und Lieder gesungen.

Am Morgen gingen wir immer noch einmal zum Feuerplatz. Irgendjemand sagte dann jedes Mal: »Im Dunkeln kam mir der Weg sehr viel länger vor.« Wenn wir um die Ecke bogen, sahen wir einen Aschekreis, der noch leicht rauchte.

Wenn die Leute aufbrachen, sahen sie möglicherweise meinen Vater, wie er mit der Kettensäge in der Auffahrt stand. Er winkte ihnen zum Abschied nach und widmete sich dann wieder seiner Sägearbeit, in Gedanken schon beim Feuer des nächsten Jahres.

·········×

„

Zuweilen ertönt solidarischer Jubel, wenn jemand das Symbol einer sorgenschweren Vergangenheit ins Feuer wirft: ein rituelles Opfer für einen Neuanfang.

Jedes Jahr luden Karri Hedge und ihre Familie Freunde zum Lagerfeuer auf ihrem Grundstück ein. Manchmal wurden alte Erinnerungsstücke in die Flammen geworfen – Symbole einer bewegten Vergangenheit, verbrannt mit der Hoffnung auf einen Neuanfang.

Im Fahrradsattel zum Glück

Anfangs wollte Dan Marsh mit seinem Fahrrad lediglich 1000 Kilometer fahren, um die
von der Sonne rissigen Salzebenen des normalerweise trockenen Sees zu fotografieren. Aber nachdem
er monatelang geträumt und geplant hatte, dachte er sich: Warum am Lake Eyre aufhören?

Als Dan Melbourne verließ, hatte er alles, was er unterwegs brauchen würde, hinten auf
sein Fahrrad geschnallt. Er fuhr auf der Küstenroute der Surfer nach Süden in Richtung Adelaide, dann ließ
er den Strand hinter sich, um nordwärts durch die Mitte Australiens zu fahren und schließlich querab in
den tropischen Norden von Queensland. Es war ein sechsmonatiges Abenteuer, eine Solotour ganz im Zeichen der
Großzügigkeit der Menschen, die er unterwegs traf, und der Erhabenheit der Landschaften, durch die er kam.

Drei Jahre lang träumte ich davon, mit meinem Fahrrad allein durch Australien zu fahren, die Küste entlang und rauf durch das Red Centre. Ich wollte ohne zeitliche Beschränkungen reisen, nur zelten, surfen, mit Menschen in Kontakt kommen, Fotos machen und ein ungebundenes Leben führen.

Erst ein paar Wochen, bevor ich aufbrach, wurde mir tatsächlich langsam ein wenig mulmig zumute. Davor hatte ich das Abenteuer in romantischem Licht gesehen, ohne wirklich darüber nachzudenken, worauf ich mich einließ.

An dem Tag aber, als ich aus Melbourne radelte, traf es mich wie ein Blitz: Alles, wovon ich so lange geträumt hatte, geschah in diesem Augenblick, und es machte mir eine Heidenangst. Was dachte ich mir eigentlich?

> ""
> Mir wurde klar, dass ich mich an die Mühen klammerte – dabei musste ich einfach nur loslassen.

Auf jeden Fall war ich weder fit für diese Erfahrung, noch darauf vorbereitet, aber ich glaube nicht, dass ich meinen Körper oder meinen Geist jemals wirklich auf das hätte vorbereiten können, was vor mir lag. In den ersten Wochen strampelte ich mich erbärmlich ab, mir taten alle Knochen weh, die Fahrerei war echt schwer, und das Schlafen auf dem harten Erdboden in meinem eiskalten Zeit forderte seinen Tribut.

Aber dann machte es irgendwie klick. Mir wurde klar, dass ich mich an die Mühen klammerte – dabei musste ich einfach nur loslassen. Nach diesem Schlüsselmoment wurde alles leichter. Ich entspannte mich innerlich, und das ganze unablässige Geschwätz darüber, wie hart alles sei, verschwand. Ich wurde mit jedem Kilometer präsenter, und jeder Tag war eine Wonne.

Es war komisch – sobald ich in den Rhythmus meines neuen Lebens gefunden hatte, wurde er zu meiner tagtäglichen Realität. Von außen betrachtet, schien das, was ich tat verrückt und wild, aber für mich war es einfach … mein Leben. Ich verspürte dieses wunderbare Gefühl von Freiheit, das ich vorher eigentlich noch nie erlebt hatte. Ich war oft allein an vollkommen abgeschiedenen Orten, aber nie fühlte ich mich einsam; einfach mit mir alleine draußen in der Wildnis zu sitzen war eine besondere Erfahrung.

Ich lernte unterwegs so viele Leute kennen, die mir auf irgendeine Weise aushalfen, mit Betten, Mahlzeiten, Duschen und Mitfahrgelegenheiten. Ihre uneingeschränkte Großzügigkeit war so herzerwärmend.

So sehr es bei einer Reise über Tausende von Kilometern ums Radfahren ging und darum, meine physischen Grenzen auszutesten, so sehr ging es auch um viel mehr als das. Die Straße lehrte mich so viel über mich selbst und das Leben im Allgemeinen. Ich war bereit, im Schmutz zu leben, häufig stinkend und verdreckt, aber es machte mir nicht wirklich etwas aus. Ich war notgedrungen auf das beschränkt, was ich transportieren konnte, aber ich stellte fest, dass ich die Einfachheit, sehr wenig zu besitzen, liebte. Ängste kommen und gehen, aber es sind bloß Ängste; es sind keine Tatsachen. Ich lernte, dass alles möglich war, sobald ich sie überwand.

Ich bin hellauf begeistert über das, was ich vollbringen konnte, insbesondere mit Unterstützung meiner Partnerin, die meine Träume und Sehnsüchte verstand. Als ich es schließlich nach Far North Queensland geschafft hatte, stellte sie sich der Herausforderung und schloss sich mir an. Wir fuhren zusammen die Ostküste hinunter und hatten vor, die Tour in Melbourne zu beenden … aber wir schafften es bis Byron Bay in New South Wales und haben noch nicht ganz aufgehört. Eines Tages werden wir die Reise vollenden. Aber es lebt sich ziemlich gut dort, wo wir im Moment sind.

·········×

> „
> Ängste kommen und gehen, aber es sind bloß Ängste; es sind keine Tatsachen. Ich lernte, dass alles möglich war, sobald ich sie überwand.

„
Sobald ich
in den Rhythmus
meines neuen Lebens
gefunden hatte, wurde
er zu meiner tag-
täglichen Realität.

Ein Land aus Eis und Feuer

Als wir uns einem Gebäudekomplex näherten, der aussah wie eine ehemalige staatliche Kolchose, sahen wir, wie ein alter russischer Mi-8-Helikopter aufgetankt wurde und ein paar Männer an seinem Motor herumbastelten. Zu sehen, wie Leute sich an der Maschine zu schaffen machten, mit der wir gleich fliegen sollten, beruhigte unsere Nerven nicht gerade. Der Heli sah ziemlich abgewrackt aus, nur ein Stück Schnur hielt die Hecktüren geschlossen. Alles wirkte recht provisorisch. Und damit sollten wir ins Herz eines rauen, wilden Landes gelangen?

Wir waren erst kürzlich in Petropawlowsk-Kamtschatski, der Hauptstadt (und einzigen Stadt) der Region Kamtschatka angekommen. Die große Halbinsel im fernöstlichen Russland, nördlich von Japan am Pazifischen Ozean gelegen, ist ein dünn besiedeltes Gebiet von 270 000 Quadratkilometern. Es beherbergt etwa 300 000 Menschen, von denen die meisten in der Hauptstadt leben. Jenseits der Stadt erstreckt sich eine dramatische Landschaft – ein Lebensraum aus Geysiren, Gletschern und einer ungestümen Witterung, dazu kommen 160 Vulkane, von denen 16 noch aktiv sind.

"

Wir kamen uns angesichts des weiten Horizonts voller Berge und Vulkane zutiefst unbedeutend vor. Genau so muss die Erde einst gewesen.

Ein Helikopter brachte uns zum Kurilensee im Süden der Halbinsel, ins Herz der Wildnis und Abgeschiedenheit. Nachdem wir unsere Befürchtungen hinuntergeschluckt hatten, stapelten wir unser Gepäck in der Mitte, während wir uns nach Militärart auf die seitlichen Sitze hockten.

Der Helikopter flog tief, er hielt sich von den Höhenwinden fern und blieb dicht über der Tundra. Wir öffneten einige Fenster und unter uns erstreckte sich ein weites grünes Land, durchschnitten von Wasserläufen und Zeichen menschlichen Lebens. Der Horizont war durchbrochen von zahlreichen Kegeln, deren Spitzen in den Wolken verschwanden – Vulkane. Das Ganze atmete den Hauch einer untergegangenen Welt.

Eine gute Stunde später wurden wir am Kurilensee abgesetzt. Wir richteten uns in einer großen Hütte ein, die von Drahtzäunen umgeben war, um die Bären fernzuhalten. Der See ist ein Naturschutzgebiet, und wir waren dort als Gäste zweier Parkaufseher. Im Winter wurden die Ranger regelmäßig eingeschneit, aber es war Ende August – Hochsommer –, und es herrschte feucht-schwüles Wetter bei milden Temperaturen.

Am nächsten Tag zogen wir nach Norden zum nächstgelegenen Vulkan. In einem umgerüsteten Militärlaster mit Sechsradantrieb durchquerten wir Flussbetten und stiegen so hoch, wie der Laster uns bringen konnte. Dann ging es zu Fuß weiter. Den langen Anmarsch legten wir über ansteigendes Gelände und Schneefelder zurück. Je näher wir der Spitze des Vulkans kamen, desto steiler wurde das Terrain. Wir trafen auf Öffnungen im Boden, aus denen Schwefeldämpfe aufstiegen, die uns daran erinnerten, dass der Vulkan nur schlummerte.

Als wir schließlich die Spitze erreichten, waren wir umgeben von einer Landschaft aus Feuer und Eis – ein Ort, an dem die Erde ihre Macht zur Veränderung ihrer Landschaften demonstrierte. Angesichts des weiten Horizonts voller Berge und Vulkane kamen wir uns zutiefst unbedeutend vor. Genau so, das wurde uns in diesem Moment klar, war die Erde einst gewesen. Wir schätzten uns glücklich, das erleben zu können.
.... ×

Text von Stephanie und Doron Francis. Bilder und Bildtexte von Alexander Gerasimow, der nichts mehr liebt, als Russlands wilde Natur zu erkunden.

Als ich Kamtschatka das erste Mal besuchte, herrschte Winter. Zu dieser Zeit sind keine Touristen dort. Bei meiner Ankunft packte ich mein Zelt und lief zur Küste des Pazifischen Ozeans. Dort begegnete ich Wintersurfern, die selbst bei zwei Grad noch ins Wasser gehen. Sie suchen die Schönheit eines von Schnee umgebenen Meeres. Ich stand am Strand, versunken in Gedanken an die Surfer, die Kälte und die Landschaft.

Kamtschatka liegt Tausende von Kilometern östlich von Moskau, wo ich aufgewachsen bin. Ich träumte von diesem urzeitlichen, vom Menschen beinahe unberührten Ort an den Ufern des Pazifischen Ozeans mit seinen Vulkanen, Geysiren und Bergen. Es ist ein verrückter Ort. Man kann hier zum Krater eines Vulkans emporsteigen oder Bären oder Vielfraße in ihrem natürlichen Lebensraum beobachten.

Interview

Die Schwesternschaft der Straße

Ein Motorrad zu haben, vermittelt das gute Gefühl, jederzeit überall hinfahren zu können.
Es gibt keine Barrieren zwischen dir und der Außenwelt – du spürst sie ungehindert an dir vorbeirauschen.
Genau dieses Gefühl erweckte in Ashmore Ellis und Anya Violet die Leidenschaft zum Fahren
auf zwei Rädern, und es ist diese Liebe zum Motorrad, die die beiden veranlasste, *Babes Ride Out* zu gründen,
ein Motorrad- und Campingevent nur für Frauen im Joshua-Tree-Nationalpark in Kalifornien.

Das Ganze begann aus einer Laune heraus, mit der Idee, ein paar Freundinnen für einen Campingtrip
in die Wüste zusammenzutrommeln. Keine Kerle, kein Drama, einfach Cruisen. Als zu diesem ersten Event
50 Frauen auftauchten, wussten die beiden, dass sie an einer großen Sache dran waren.

Ashmore, wann hast du mit dem Motorradfahren angefangen, und was liebst du daran?

Mit dem *Street Riding* fing ich an, als ich nach Kalifornien zog und so viele Leute auf Motorrädern sah. Weil fast das ganze Jahr über unglaublich tolles Wetter war, holte ich mir eine kleine Yamaha und machte ein Sicherheitstraining. Ich liebe alles daran. Beim Motorradfahren zwingt man alle seine Sinne, gleichzeitig zusammenzuarbeiten.

Als ich kürzlich durch die Catskill Mountains im US-Bundesstaat New York fuhr, konnte ich die schönen grünen, wogenden Hügel sehen; ich konnte die Erde riechen, Kühe und Heuhaufen; ich konnte das Dröhnen des Motors hören und schmeckte den Regen, als es anfing in Strömen zu gießen; ich konnte die Kraft des Motorrads spüren, während ich die Straße hinunterflog. Für diesen kurzen Moment erlebte ich die Welt auf eine unglaublich andere Weise – dieser Moment, der nur mein Hier und Jetzt betraf, und der sich niemals genau so wiederholen würde.

Seid ihr, bevor ihr *Babes Ride Out* gegründet habt, oft mit euren Motorrädern zum Zelten gefahren?

Ich selbst etliche Male. Ich lerne jedes Mal etwas Neues, wenn ich die Maschine packe und aufbreche. Beim Motorrad-Camping wird man sehr schnell zum Minimalisten.

Wohin fahrt ihr am liebsten?

Ich liebe die Wüste. Die endlosen Straßen und die trockene, heiße Luft haben etwas ganz Besonderes. Wir sind jahrelang nach Borrego Springs in Kalifornien gefahren. Von mir zu Hause sind das etwa anderthalb Stunden, und die Gegend hat einige der besten Motorradstrecken, die ich je gefahren bin.

Was passiert auf euren Events?

Wir fahren Motorrad. *Babes Ride Out* ist nichts für Leute, die den ganzen Tag Party machen wollen; das Gelände schließt tagsüber, und es wird erwartet, dass man sich aufmacht und mehrere Routen fährt. Wir haben bei der Auswahl alle Schwierigkeitsgrade berücksichtigt. Abends bieten wir Live-Bands, Karaoke oder einen Wettbewerb auf der Bullriding-Maschine.

"

Ich erlebte die Welt auf eine unglaublich andere Weise – dieser Moment, der nur mein Hier und Jetzt betraf, und der sich niemals genau so wiederholen würde.

> **Ich liebe die Wüste. Die endlosen Straßen und die trockene, heiße Luft haben etwas ganz Besonderes.**

Babes Ride Out ist mehr als ein Event geworden – es ist eine echte Gemeinschaft. Wie ist diese Gemeinschaft?
Sie besteht aus Tausenden von Frauen jeden Alters, die unheimlich gern Motorrad fahren, zelten und Kontakte knüpfen. Es war von Anfang an nur für Frauen, damit wir alle mit null Ablenkungen abhängen und wirklich Anschluss finden können.

Was würdest du jemandem raten, der Angst vorm Motorradfahren hat?
Wenn du wirklich Angst hast, dann ist Motorradfahren vielleicht nichts für dich. Motorräder sind extrem gefährlich, und Motorradfahren ist eine persönliche Entscheidung, die jeder für sich selbst treffen muss – und nicht, um sich anpassen, sich herauszuheben, was weiß ich. Wenn du trotzdem auf zwei Räder steigen willst, fang im Gelände an. Friss ein paar Mal Dreck, dann sieh zu, wie du dich fühlst. Immer noch Angst? Mach ein Sicherheitstraining. Immer noch Angst? Häng die Schlüssel auf und suche dir ein anderes Hobby.

·········×

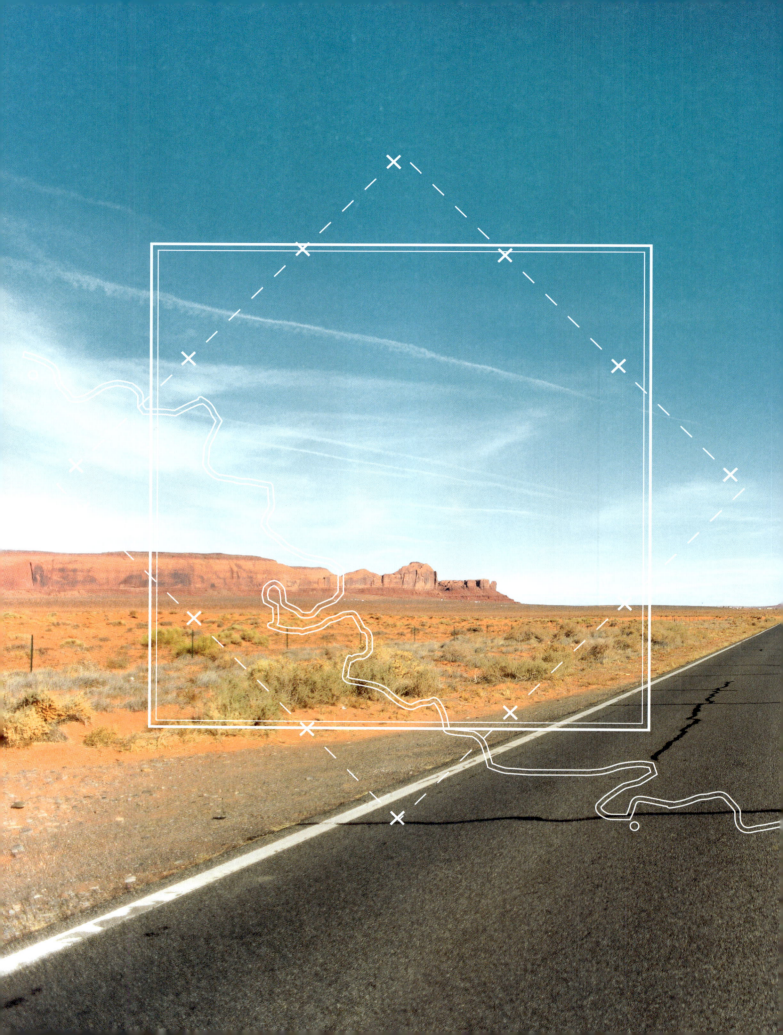

Ein Heim Marke Eigenbau

Shane Hurt und Queenie Yehenala transportierten per Lkw einen Container zu einem 20-Hektar-Grundstück in der Nähe der Stadt Kinglake im australischen Bundesstaat Victoria, wo sie ihn tief im Wald versteckten. Die beiden Designer, die sich vor Jahren in Shanghai kennengelernt hatten, verwendeten Sperrholz und Farbe und schufen daraus ein minimalistisches Ferienhaus. Es war eine Gelegenheit, die eigenen Hände zu benutzen, sich von der Großstadt zu lösen und etwas Gemeinsames zu haben, das sie mit Familie und Freunden verband.

Man muss eine holprige, steile Schotterstraße hinunterfahren und dann einen noch steileren Feldweg, um zum Heim von Shane und Queenie im dichten Wald in der Nähe von Kinglake zu gelangen. Hier stehen noch ein paar letzte hohe Eukalyptusbäume, deren verkohlte und rissige Stämme an das Feuer erinnern, das vor zehn Jahren durch dieses Land raste und Menschenleben, Häuser und Gemeinwesen zerstörte. Der Rest sind junge Bäume, licht und spindeldürr, die ihre Stämme prahlerisch in den Himmel recken.

"

Das Ganze erinnert eher an Camping als an ein herkömmliches Ferienhaus: Kerzen werden angezündet, das Essen auf einem Grill zubereitet, das Geschirr in einem Eimer abgespült.

Das ursprüngliche Haus auf dem Grundstück, ein moderner Bau aus der Mitte des vorigen Jahrhunderts, war ein Opfer der Flammen geworden. Die einstmals freie Sicht auf den Fluss, die man von dort aus hatte, versperren nun hochgeschossene Eukalyptusbäume.

Das Haus von Shane und Queenie, das sich auf einer Lichtung auf halbem Weg den Hügel hinauf befindet, ist ein sechs Meter langer Container, auf dem seitlich noch das alte Firmenlogo aufgedruckt ist. Sie transportierten ihn als eiserne Hülle per Lastwagen auf das Grundstück.

Der Container bildet einen starken Kontrast zu seiner Umgebung, passt sich zugleich aber auch an; am auffälligsten ist vielleicht die umlaufende Veranda, wo man überall auf dem Boden verstreuten Werkzeuge bemerkt. Shane und Queenie haben diese leere Hülle im Laufe der Zeit in ein wunderbares Heim verwandelt, samt Küche, Leseecke, einem Einzelbett und einem Doppel-Hochbett. Das Innere ist eindrucksvoll in seiner Schlichtheit, der Größe des Containers angemessen, mit freiliegendem hellen Holz und schwarzen Details.

Sie kommen hierher, um sich aus ihrem Alltag auszuklinken und sich als Familie zu entspannen: Kerzen werden angezündet, das Essen auf einem Grill zubereitet, das Geschirr in einem Eimer abgespült – das Ganze erinnert eher an Camping und nicht an ein herkömmliches Ferienhaus. Nach den anstrengenden Tagen mit letzten Arbeiten am eigenen Heim entspannt man sich draußen auf der Veranda, schwingt in der Hängematte und schlägt ab und zu träge nach einer der angriffslustigen Mücken.

·········×

Shane Hurt und Queenie Yehenala wünschten sich ein Wochenendhaus – etwas, das mit der Natur harmonierte, nicht gegen sie ankämpfte. Aus einem Schiffscontainer schufen sie einen friedlichen Ort zum Entspannen.

Im Dunkeln sehen

Tagsüber war Kate Armstrongs Sommercamp eine geschäftige, normale Welt. Nachts aber,
wenn nur noch eine Gruppe von Campern und ihre Betreuer im Wald waren, wurde aus dem Alltäglichen und
Bekannten das große Unbekannte und die eben noch fröhlichen Kids spürten ein leichtes Gruseln.
Sobald das Lagerfeuer gelöscht und die Schlafsäcke ausgerollt worden waren, brachen sie zu einer Nacht-
wanderung auf. Die Regeln waren einfach: keine Taschenlampen, nicht reden. Nur die Geräusche von
Füßen auf dem Boden, die Ohren und Augen weit geöffnet in der Dunkelheit.

Wir sammelten uns immer neben der Gymnastikhütte, die einem offenen Schuppen glich. Von dort erstreckte sich der Wald kilometerweit. Die über Nacht bleibenden Kids scharten sich mit vor Erregung weit geöffneten Augen um uns Betreuer.

Tagsüber war unser Camp unendlich laut – erfüllt vom Platschen und Planschen der Wasserspiele und von Pfeilen, die Ziele durchbohrten; vom An- und Abschwellen der Singalongs und von Namen, die zwischen den Bäumen gerufen wurden. Die Mädchen waren die Königinnen dieses Tageskönigreichs. Mit zwölf Jahren waren sie die ältesten im Camp und voller Zutrauen in jeden Schritt des Weges

> Gegen Angst vor der Dunkelheit ist niemand gefeit. Sie ist uralt und tief in uns verankert.

Aber sobald die Busse abgefahren waren und die Sonne hinter der Baumlinie versank, veränderte sich das Camp. Die Nacht verwandelte das Bekannte in etwas Fremdartiges und, wenn wir ehrlich waren, auch ein wenig Unheimliches.

Gegen Angst vor der Dunkelheit ist niemand gefeit. Sie ist uralt und tief in uns verankert. Wir füllen die Dunkelheit mit schaurigen Ungeheuern und beunruhigenden Gedanken. Genau deshalb lernten unsere Vorfahren, Feuer zu entzünden und sich in ihrem Schein Geschichten zu erzählen. Sie wollten die Dunkelheit kontrollieren – sie zurückdrängen und möglichst weit von sich fernhalten.

Die Gymnastikhütte hatte kein elektrisches Licht – es gab nur unsere Taschenlampen, das Licht des Mondes und, wenn man blinzelte, von Flechten, die rings um den Fuß bestimmter Baumstämme leuchteten. Die Kids kamen aus Städten und hatten noch nie ein Zimmer ohne den Schein eines Telefondisplays oder einer Straßenlaterne erlebt.

Unweigerlich fragte immer einer von den Jungs: »Wie sollen wir ohne Taschenlampen etwas sehen?« Worauf wir ihnen jedes Mal sagten: »Eure Augen sollen sich an die Dunkelheit gewöhnen. Schließt die Augen schön fest. Haltet sie geschlossen und zählt bis zehn. Wenn ihr sie öffnet, heftet nicht den Blick auf irgendetwas. Lasst ihn einfach schweifen, und ihr werdet merken, wie ihr in der Dunkelheit sehen könnt.«

Wenn sie die Augen dann öffneten, sahen sie anfangs nur Schemen und Schatten. Aber dann schälten sich Details aus der Dunkelheit heraus: die in Baumstämme geschnittenen tiefen Furchen; die Kanten der Kieselsteine, die den Pfad übersäten; die hellen Ecken der Zähne von jemandem, der lächelte. Die Sterne strahlten jetzt heller. Ihre Umrisse flackerten in ihren Augen wie winzige Feuer.

Dann stellten wir uns in einer Reihe auf, mit einer Armeslänge Abstand. Ein Betreuer marschierte vorneweg, einer am Schluss – der heldenhaftere Job. Es war schwer, dieses Blick-im-Nacken-Gefühl abzuschütteln. Auch wenn wir wussten, dass wir nicht in Gefahr waren, sorgte die Dunkelheit dafür, dass wir unseren Sinnen nicht recht trauten.

Niemand durfte reden, eine Regel, fast so wichtig wie die bezüglich der Taschenlampen. Licht und Geräusche bewirken beide dasselbe: Sie hüllen uns in ein selbstgeschaffenes Universum ein und blenden den Rest der Welt aus. Aber wir wollten den Kindern helfen, auf diesen Puffer zu verzichten. Ihnen zeigen, was passiert, wenn man sich der Dunkelheit überlässt.

Am Anfang war die Stille immer zu viel für sie. Wir konnten spüren, wie sehr sie sie füllen wollten – mit einem vertrauten Lachen oder Hüsteln. Aber nach und nach fingen sie an, ihren Schritten zu lauschen, wenn ihre Schuhe sich leise ins Erdreich des Pfades drückten. Ihre Köpfe drehten sich zu Blättern um, wenn diese raschelten, oder zu Eichhörnchen, die durchs Unterholz flitzten. Der Wald wurde lebendig, aber das wirkte nicht mehr bedrohlich. Es war vielmehr, als würde er sein Geheimnis teilen.

Nach einer Weile mussten wir sie nicht länger zur Ruhe ermahnen. Sie betteten sich in die Stille, und fingen an, sich darin heimisch zu fühlen. Zwischen Eichen und Pappeln hindurch schlängelten wir uns abwärts. Schließlich kamen wir an den See. Die Kinder hockten sich auf die Holzbrücke, die zum Kajakschuppen führte, und blickten hinaus auf das Wasser und die Bäume am anderen Ufer. Je länger wir dasaßen, desto mehr bemerkten wir die zarten Spiegelungen der Sterne auf dem Wasser und die Insekten, die die Wasseroberfläche zum Erzittern brachten, alles begleitet vom inniglichen Chor der Ochsenfrösche. Unsere Atemzüge fügten sich ein in dieses Konzert und gehörten nun mit zum Rhythmus des Waldes.

Dieser Ausflug in die Dunkelheit lud uns ein, innezuhalten, zu lauschen, jene Qualitäten des Waldes zu erspüren, die wir nicht wahrnehmen konnten, wenn alles laut und hell war. Es gab nichts zu fürchten, wenn wir es mit offenen Armen begrüßten. Wir mussten nur zulassen, dass unsere Augen sich daran gewöhnten.

·········×

> **Die Dunkelheit lud uns ein, innezuhalten, zu lauschen, jene Qualitäten des Waldes zu erspüren, die wir nicht wahrnehmen konnten, wenn alles laut und hell war.**

Interview

Ein gutes Leben gestalten

Charlie Gladstone ist ein Pionier für eine neue Art zu leben und hat daraus einen Beruf gemacht.
Mit einem berühmten Namen geboren (sein Ururgroßvater war William Ewart Gladstone, ein früherer
britischer Premierminister) und Erbe zweier prachtvoller Anwesen, beschlossen er und seine Frau Caroline,
aus London wegzuziehen und ihre Kinder in der Wildnis Schottlands großzuziehen. Dort gründeten sie
den Online-Shop *Pedlars*, der sich für kunsthandwerkliche Erzeugnisse von den Britischen Inseln engagiert.

The Good Life Experience, gegründet zusammen mit Cerys Matthews und Steve Abbott,
ist ihr neuestes Abenteuer – ein jährliches Festival in Wales. Dort geht es um Verbindung mit der Natur
und einer Gemeinschaft Gleichgesinnter, und es geht darum, Dinge zu schaffen, die Bestand haben,
sei es eine Beziehung, ein Handwerk oder eine meditative Übung.

Was ist *The Good Life Experience*?
Es ist eine einzigartige Feier dessen, was man nennen kann,
das »Guten Leben« zu leben. Das Festival stellt eine kom-
plexe Frage und versucht sie zu vereinfachen: Was will ich
wirklich vom Leben? Unsere Antworten werden unseren
Gästen in jedem September an zweieinhalb Tagen präsentiert,
und sie lauten: Familie, tolles Essen, großartige Musik. Die
Fähigkeit, neue Handwerke zu erlernen und neue Freunde
kennenzulernen. Hunde. Faszinierende Gespräche, Betei-
ligung an Outdoor-Aktivitäten, Lagerfeuer, Nächte unter
Zelttuch. Extreme Freundlichkeit und Höflichkeit, kein
Abfall und das Aufeinandertreffen gleichgesinnter Menschen.

**Was hat euch veranlasst, das Festival
ins Leben zu rufen?**
Ich wollte immer schon ein Festival organisieren. Nach
dem globalen Finanzkollaps habe ich mit Vorstellungen
vom »Guten Leben« gespielt und herauszufinden versucht,
was Menschen wirklich und wahrhaftig von ihrem Leben
erwarten. Ich stellte mir selbst diese Frage, zum einen, weil
ich Geschäftsmann bin, zum anderen, weil die intellektuelle
Seite der Dinge mich interessiert. Ich habe Kinder, und
ich fragte mich, ob sie wirklich eine Welt aus Billigwaren,
Shopping ohne Ende, teuren Luxusrestaurants, Sachen, die
sie nach fünfmal Tragen wegwerfen können, endloser Bild-
schirmzeit, Lebensmitteln, die aus Afrika bis zu ihnen auf
den Tisch geflogen werden, und ohne Freizeit wollen. Ich
kam zu dem Schluss, dass gegen all diese Dinge in Maßen
nichts einzuwenden ist, dass ich aber möchte, dass sie Sachen
kaufen, die sie wertschätzen und die Bestand haben, dass
sie wissen, wie diese Dinge hergestellt wurden, dass sie auf

Bäume klettern und Äxte werfen und neue Sichtweisen auf
die Welt entdecken. Weil ich ebenso mutig wie leichtsinnig
bin, dachte ich mir, wir wären vielleicht in der Lage, ein
Festival zu organisieren, das all dies feiert. Und weil wir einen
schönen Hof in Wales und sehr viele interessante Freunde
haben, von denen wir annahmen, dass sie vielleicht gerne
mitwirken und weitere Mitwirkende vorschlagen würden – ganz zu schweigen von zwei großartigen Freunden
in Person unserer Mitgründer –, probierten wir es aus.

**Das Festival legt sehr viel Wert auf den Bezug
zur freien Natur und auf die Wiederentdeckung
alter Handwerke. Wieso glaubst du, ist es wichtig,
dass Menschen an die frische Luft gehen und ihre
Hände gebrauchen?**
Ich bin im Grunde ein Naturmensch. Unsere sechs Kinder
haben wir in den schottischen Highlands großgezogen, an
einem abgeschiedenen Ort; es war eine bewusste Entscheidung. Wir haben sogar ein Buch darüber geschrieben, *The
Family Guide to the Great Outdoors*. Jeder sollte von Zeit zu
Zeit an die frische Luft gehen und sich verausgaben. Wenn
alle jungen Leute die Möglichkeit hätten, ein oder zwei Mal
die Woche auf einen Baum zu klettern, eine Axt zu werfen
und einen Hügel hinaufzurennen, gäbe es keine Schlägereien
auf der Straße. Das Bedürfnis, Dinge mit den eigenen Händen herzustellen, ist uralt. Wir alle haben es in uns, aber der
Massenkonsum hat es an Fabriken im Ausland delegiert, wo
Arbeitskraft billig ist. Aber seit dem Finanzcrash 2008 denken
einige Leute darüber nach, wie das, was sie konsumieren –
von Nahrungsmitteln über Jeans bis zu Geschirr – produziert wird, und was das bedeutet. Das sind unsere Leute.

74

„
Jeder sollte von Zeit zu Zeit
an die frische Luft gehen und
sich verausgaben.

Was bedeutet das gute Leben für die Festivalgründer?
Nun ja, das Festival bedeutet jede Menge Arbeit, Diskussionen,
Stress und zugleich Spaß, Stolz, Kreativität – plus das Adrena-
lin des Risikos. Für mich beinhaltet das ›Gute Leben‹ all die
Dinge, die wir auf dem Festival bieten: Familie, Freunde, neue
wie alte – durch die Veranstaltung haben wir haufenweise
fantastische neue Leute kennengelernt – Musik, im Freien
sein, Späße, ordentliches Essen …

Ich sehe das Festival so: Der Tag ist dem Lernen, dem
Leute-Kennenlernen, dem Zuhören, Nachdenken, der Entdeckung neuer Dinge, dem Ausprobieren neuer Fähigkeiten
und dem Herumlaufen vorbehalten; abends darf man dann
ein bisschen verrückt sein, mit einem tollen Cocktail in der
Hand und toller Musik.

**Eines der beliebtesten Events auf dem Festival
ist das Axtwerfen, das schon eine ziemliche Nischen-
fertigkeit ist. Wieso haben die Leute Ihrer Meinung
nach Freude daran, eine Axt zu werfen?**
Die Axt ist das älteste bekannte Werkzeug der Menschheit.
Wir alle haben eine Beziehung dazu, ob wir sie kennen oder
nicht. Und wenn wir sie halten und werfen, und sie trifft ihr
Ziel … WUMM!

**Glaubst du, dass das Festival für die Leute nur
eine kurze Auszeit vom modernen Leben bedeutet,
oder dass es etwas darstellt, was sie mit nach Hause
nehmen können?**
Es ist ein bisschen von beidem. Sie können kommen und
Sachen erlernen und diese Fähigkeiten mit nach Hause
nehmen. Sie können kommen und Spaß haben und am
Montag mit einem Riesenkater aufwachen, aber finden,
dass sie ein Erlebnis hatten, das ihr Leben bereichert hat.

·········×

> **Wenn
alle jungen Leute die
Möglichkeit hätten, ein
oder zwei Mal
die Woche auf
einen Baum zu klettern,
eine Axt zu werfen
und einen Hügel
hinaufzurennen, gäbe es
keine Schlägereien
auf der Straße.**

The Good Life Festival ist eine Feier der einfachen Freuden des Lebens. Es gibt anregende Gespräche, gute Musik, man erlernt neue Fähigkeiten, verbringt reichlich Zeit an der frischen Luft, klettert auf Bäume und benutzt seine Hände.

„

Wenn es in eurem Kopf kein nächstes Abenteuer gibt, dann ist das, worauf ihr hinarbeitet, vielleicht nicht der Mühe wert.

Abenteuer statt E-Mail

Gefesselt an die Bildschirme vor uns, vergessen wir allzu oft, uns umzusehen.
Für Graham Hiemstra ist es der Ruf des Abenteuers, der ihn immer wieder den Blick von seinem Bildschirm
in New York City abwenden lässt – sei es das Erwandern des Vinicunca in Peru, dessen verschiedene,
parallel zueinander verlaufende Farben ihm den romantischen Namen Rainbow Mountain, Regenbogenberg,
eingebracht haben, oder ein Surf-Wochenende unten an der Küste. Er gründete *The Field*, eine Online-Fundgrube
für Abenteuer, die ihre Leser durch gutes Design und gute Geschichten dazu verleitet, sich umzusehen,
zu schauen, was es da draußen gibt, und die nächste Reise zu buchen. Denn ohne Neugier auf Neues –
hat das Leben dann überhaupt für einen Sinn?

Wir waren an diesem Morgen erst kurze Zeit unterwegs, aber in unseren Beinen steckten noch die Kilometer, die wir während der vergangenen Tage zurückgelegt hatten, als wir tief in den Peruanischen Anden wanderten – von der Höhe ganz zu schweigen. Wir vier gingen in einem Halbkreis in die Hocke und versuchten, wieder Atem zu schöpfen. Weil hoch droben der 6271 Meter hohe Salkantay auftauchte, vollzog unser Quechua-Führer eine Heilungszeremonie. Zusammen brachten wir dem Schutzgeist des Sacred Valley – dem Heiligen Tal der Inka –, der in dem imposanten Berg wohnt, Kakaoblätter als Opfergaben dar. Wie unzählige andere, die seit den Zeiten des Inka-Reichs hierhergekommen waren, statteten wir unseren Dank ab und wünschten einander Glück bei den Abenteuern, die noch kommen würden. Dann aßen wir ein paar Schokoriegel und machten uns wieder auf den Weg.

Ich bin in der Nordwestecke der Vereinigten Staaten aufgewachsen, wo Naturerkundungen nichts Besonderes sind, weil alle es tun. Im Winter liefen wir Ski. Im Sommer schliefen mein Vater und ich die meisten Nächte auf der Veranda unter den Sternen. Wenn es eine Regel gab, dann die, niemals einen heiteren, wolkenlosen Tag in der Stube zu vergeuden. Ich habe niemals überlegt, anders zu leben. Ich habe sogar nicht mal entschieden, so zu leben. Es war einfach so, wie es war.

Heute ist New York City mein Zuhause, ein Drittel meiner Zeit auf diesem Felsen namens Erde ist um, und es bedarf inzwischen einiger Anstrengung, wirklich rauszukommen. Obwohl das Leben in New York nicht leicht ist, macht es Spaß. Das ist zumindest das, was fast neun Millionen von uns sich jeden Morgen sagen, wenn wir uns wie Sardinen in die U-Bahn-Wagen zwängen. Aber ich habe mittlerweile begriffen, dass es mir hier nur wirklich gut geht, wenn ich bei jeder sich bietenden Gelegenheit das Weite suche.

Ob ein Campingwochenende außerhalb der Stadt, ein Trip zu den Urwäldern und Gipfeln der US-Westküste oder eine große Reise zu einem wirklich weiten und fremden Land – sich irgendwohin zu begeben, wo man noch nie war, wird nie aus der Mode kommen. Reisen ist eine indirekte Aufforderung, sein Weltbild zu erweitern und sich mit alternativen Sichtweisen zu befassen. Nichts rückt die Prioritäten des Lebens derart wieder zurecht, wie wenn man aus freien Stücken matschiges Essen aus Vakuumverpackungen verzehrt und in ein Erdloch scheißt, das man selbst gegraben hat. Oder, wenn euch ein hübscheres Bild lieber ist: wenn man auf 5000 Metern auf einer Passhöhe steht und mit einem Berggeist kommuniziert.

Diese Erfahrungen erinnern mich daran, wie unwichtig diese stets so wichtigen E-Mails eigentlich sind. Und dass die Natur etwas ist, das ich brauche – nicht ein Trend oder eine Marotte, auch wenn es einem hin und wieder so vorkommen mag.

Egal wie groß oder klein die Flucht ist, entscheidend ist es, künftig mehr solcher Fluchten zu wollen. Wie alle Dinge im Leben, die uns wichtig sind, brauchen auch wir regelmäßige Pflege, sowohl geistig als auch körperlich - und Mutter Natur ist der ultimative Mechaniker. Es ist wichtig, immer eine Antwort auf die Frage: »Was kommt als Nächstes?« zu haben. Wenn es in eurem Kopf kein nächstes Abenteuer gibt, dann ist das, worauf ihr hinarbeitet, vielleicht nicht der Mühe wert.

.........×

> Egal wie groß oder klein die Flucht ist, entscheidend ist es, künftig mehr solcher Fluchten zu unternehmen.

Als Graham Hiemstra sich in die Peruanischen Anden aufmachte, wusste er, dass er sich auf eine beträchtliche Höhenlage und schwierige Tage gefasst machen müsste. Aber genau das machte die Reise zu einem lohnenswerten Abenteuer: Nichts relativiert das Leben so sehr, wie wenn man sich eine Weile schwer reinknien muss.

Interview

Ein Leben im Campingbus

James Barkman hat die letzten drei Jahre aus einem gelben Volkswagen Westfalia von 1976 gelebt, mit dem er als Künstler und Fotograf quer durch Nordamerika reiste und das Leben von Menschen einfing, die ihr Auskommen draußen in der Natur finden. Der Bus ist seine winzige Hütte auf Rädern, und er versorgt James mit allem, was er braucht: Bett, Waschbecken, Holzofen und Stauraum. Er lässt ihn das Leben führen, das er liebt.

Was hat dich veranlasst, dir einen Kleinbus zu besorgen und mit dem Leben im Campingbus anzufangen?
Ich wollte im Wald leben, im Ozean duschen, surfen, snowboarden und klettern, und genau das habe ich gemacht! Der Bus ist mein Heim und einziges Fahrzeug, also ist er stets dort, wo ich bin – meistens in der Nähe der Küste, damit ich so viel wie möglich surfen kann.

Wie hat das Leben in einem Campingbus deine Lebensweise verändert?
Ich habe fast die ganzen letzten drei Jahre auf der Straße gelebt, und dieses Leben hat meine Sichtweise und meinen Lebensstil auf jeden Fall verändert. Wenn man in einem 7,5 Quadratmeter großen Kasten lebt, stellt man schnell fest, was man wirklich braucht. Mein Bus hilft mir, bescheiden und minimalistisch zu leben und mich nicht von Dingen ablenken zu lassen, die mir Zeit und Ressourcen stehlen könnten.

Welche Art von Herausforderungen bietet das Leben in einem Campingbus?
Der Kampf mit den Witterungsbedingungen kann ausgesprochen brutal sein. Ich habe die letzten beiden Winter im Pazifischen Nordwesten zugebracht, und es ist ziemlich nervig, fünf Monate lang ständigen Regen und bittere Kälte zu verkraften.

Wie verträgt sich das mit deiner Arbeit als Fotograf?
Ich habe für meine Arbeit sehr viel Zeit im Freien verbracht, und der Bus ermöglicht mir, genau das zu tun.

Aktiv und in der freien Natur zu sein ist ein sehr wichtiger Teil meines Lebens, eigentlich ist es sogar der größte Teil, weshalb ich die Entscheidung traf, ganz in meinen Bus zu ziehen. Ich hoffe, dass meine Arbeiten meine Wertvorstellungen und Interessen ehrlich widerspiegeln. Mich reizt alles, was altmodisch oder zeitlos ist oder einen Hauch von Old School hat, und der Bus bedient in jedem Fall diese Ästhetik.

Was bedeutet das Leben im Campingbus für dich?
Das Leben im Bus ist für mich weder eine Marotte noch ein Trend. Es ist eine Möglichkeit, die Dinge zustande zu bringen und weiterzuverfolgen, die ich liebe, und es ist ein Mittel zum Zweck, kein Selbstzweck.

.........×

„

Das Leben im Bus ist für mich weder eine Marotte noch ein Trend. Es ist eine Möglichkeit, die Dinge zustande zu bringen und weiterzuverfolgen, die ich liebe.

James Barkman lebt in seinem VW-Bus, so kann er das Leben führen, das er liebt: eines, bei dem er die Möglichkeit hat, den größten Teil seiner Zeit draußen zu verbringen, Bilder von Naturliebhabern zu machen und selber seiner Leidenschaft für die Natur nachzugehen. Er konzentriert sich bei seinen Reisen auf den Pazifischen Nordwesten der Vereinigten Staaten und entfernt sich nie sehr weit vom Ozean.

Kochen in einem kalten, surrealen Land

Kieran Creevy hat einen Beruf daraus gemacht, die rauen, wilden Orte der Welt zu erleben – und dort zu kochen. Nachdem er auf der nepalesischen Seite des Himalaya gewandert war, lockte ihn die indische Seite – er hatte Geschichten gehört, dass diese wilder und abgeschiedener sei. Als Expeditionsleiter sucht er diese perfekten Momente bei der Kreation von Mahlzeiten draußen in der Natur, diesen verführerischen Reiz köstlicher Gerüche, die von einem Lagerplatz aufsteigen und sich über eine unbekannte Landschaft ausbreiten.

Wir werden von einem leichten Schaukeln wach. Wir treiben auf einem Schiff über einen Gletscherfluss, umgeben von hoch aufragenden Gipfeln und einer unglaublichen Höhenlandschaften. Wir sind verzaubert – gebannt.

In den Falten unserer Kleidung, die steif vor Kälte ist, zeichnen sich Linien aus hellem Goldstaub ab. In diesen Höhenlagen des Himalaya nähern sich die Temperaturen dem Gefrierpunkt, was den Kochherd auf unserem Flussboot zum wichtigsten Teil unseres vorübergehenden Zuhauses macht. Der heiße, frische Flussfisch auf unsere Teller bildet einen extremen Kontrast zum kargen Land.

Die Farben und das Fließen des Gesteins in den Bergen wirken überirdisch. Der ganzen Gegend haftet etwas Surreales an, als hätten wir ein Gemälde von Salvador Dalí betreten, mit endlosen Wellenbergen und -tälern, die dem Betrachter die Orientierung nehmen.

Nachdem wir ein paar Tage hier verbracht haben, ergeben die Größenordnung, die Farben und das Fließen allmählich Sinn. In einer so weiten Landschaft zu wandern ist ebenso ehrfurchtgebietend wie kontemplativ. Es macht einen Großteil dessen aus, was mich schon früher hierhergelockt hat und mich wohl immer wieder hierhin ziehen wird.

Obwohl wir uns im indischen Himalaya befinden, sprechen die Gesichter, die Kleidung, die Sprache, die Rituale und das Essen für Tibet. An einem Abend gibt es zum Abendessen *thukpa* (eine tibetische Nudelsuppe) mit gewürztem Brot und eingelegtem Gemüse. Die Thukpa wird mit handgerollten Nudeln zubereitet: Der Koch des Bootes rollt lange Teigbänder auf einem Brett aus, zwickt aufs Geratewohl Stücke davon ab, um sie in einen Topf zu werfen, der nach Gewürzen, Kräutern und wildem Grüngemüse duftet.

Während wir uns zum Essen hinsetzen, senkt sich die Dunkelheit herab, und gleichzeitig fällt die Temperatur. Die Sonne hat gegen eine karge und unerbittliche Geologie keine Chance, mobilisiert aber im letzten Moment noch einmal alle Kraft für ein paar prächtige Farbvorführungen: rosarote, fuchsiafarbene und violette Streifen auf Riesenleinwänden aus Granit, Eis und Schnee.

Und wir schwelgen in der Behaglichkeit von guter Gesellschaft, Licht, Wärme, Chai und Gelächter.

.... ×

"

Die Sonne hat gegen eine karge und unerbittliche Geologie keine Chance, mobilisiert aber im letzten Moment noch einmal alle Kraft für ein paar prächtige Farbvorführungen.

Thukpa mit wildem Amarant und in der Pfanne gebratener Bachforelle

Für zwei Personen

Gewürzmischung (je ¼ TL Königskümmelsamen, Koriander, Kreuzkümmel, getrocknete Curryblätter, Fenchelsamen, Bockshornklee, Senfkörner, Schwarzkümmelsamen, Kurkuma)
2 EL Öl oder Butterschmalz
½ Zwiebel, gewürfelt
4–5 Frühlingszwiebeln, längs geschnitten
1 rote Chili, geschnitten
1 Möhre, in Streifen geschnitten
150–200 g frische Udon-Nudeln
500 ml Wasser
1 Prise getrocknete Thunfischflocken
2 Wildforellenfilets, entgrätet
Meersalz oder Himalaya-Steinsalz
eine große Handvoll violetter Amarant
getrockneter Seetang, zum Garnieren
Zitronenschale, zum Garnieren
ausreichend Paratha, Naan oder Fladenbrot

Die Gewürze in einer trockenen Pfanne rösten. Nach ein bis zwei Minuten bzw. wenn sie duften, aus der Pfanne nehmen und in einem Mörser zerreiben.

Öl in die Pfanne geben und die Hälfte der Gewürzmischung hinzufügen. Behutsam erhitzen, damit die Öle die Aromen der Gewürzmischung aufnehmen, dann die Zwiebel hinzufügen. Bei mittlerer Hitze anbraten, bis die Zwiebel glasig ist.

Das Wasser in einem Kessel erhitzen, während die Zwiebel brät. Frühlingszwiebeln, Chili, Möhre und Nudeln dazugeben und eine Minute leicht anschwitzen. Das kochende Wasser und ein paar Thunfischflocken hinzufügen und fünf Minuten köcheln lassen. Abschmecken und würzen.

Bei mittlerer Hitze etwas Öl in einer separaten Pfanne erhitzen. Wenn das Öl heiß ist, die Forellenfilets in die Pfanne legen und garen, bis das Fleisch in der Mitte nicht mehr glasig ist, sondern sich dunkel zu färben beginnt.

Die Suppe in Schalen füllen, den Amarant dazugeben und die Forelle obendrauf legen. Mit getrocknetem Seetang, Zitronenschale und Meersalz bestreuen.

Mit warmem Paratha, Naan oder Fladenbrot servieren.

Der Himalaya mit seiner dramatischen Schönheit und den anspruchsvollen Hängen und Gipfeln, die scheinbar den Himmel berühren, zieht seit Langem Träumer und Abenteurer an. Es sind Sonnenuntergänge wie dieser im Sangla-Tal im nordindischen Bundesstaat Himachal Pradesh, von denen Expeditionskoch Kieran Creevy sagt, sie haben ihn schon früher hierher gelockt und werden ihn wohl immer wieder hierhin ziehen.

Das Gewicht der Sterne

In der Stadt kann man von Glück sagen, wenn man mehr als ein paar vereinzelte Sterne am Nachthimmel sieht, und dann blickt man in Wirklichkeit vielleicht nur auf einen Satelliten oder ein Flugzeug. Für Lauren Whybrow brauchte es einen Abstecher weit hinaus aufs Land, um zu enthüllen, was hinter dem städtischen Smog verborgen gewesen war – ein Universum mit unzähligen Sternen.

Wir traten von der Veranda und gingen auf das Tor zu, welches das Haus von dem Anwesen trennte; mit einiger Mühe hob ich im schwindenden Licht, das von der Veranda geworfen wurde, den Riegel hoch und schob das Tor auf, und dann waren wir draußen. Abgesehen von dem Haus in unserem Rücken und einem Universum voller Sterne über uns gab es keine Lichter.

Ich befand mich auf der Farm einer Freundin, etwa sieben Autostunden nördlich von Sydney, Australien. Ihr Anwesen, das sich noch in Familienbesitz befand, war die letzte Farm im Tal, ein warmes Schindelhaus mit einer schützenden Armee aus Schafen und Rindern. Es war umgeben von Land, das Banken und Versicherungsgesellschaften gehörte, die das erwirtschaftete Vermögen an Investoren weiterreichten.

Tagsüber sorgten die Geselligkeit ihrer Familie, das Gewusel einer geschäftigen Farm und die Laute der Tiere dafür, dass ich, das Stadtkind, mich wohl fühlte. Aber wenn ich nachts aus dem Haus ging, empfand ich das Tal plötzlich als ungeheuer groß und menschenleer, das Land kam mir fremd und die Sterne unbekannt vor.

Während wir uns Stück für Stück weiter vom Haus entfernten, nach Steinen tasteten und auf Schlangen horchten, wurde das Licht hinter uns schwächer, und der Himmel vor uns wuchs. Da war das Kreuz des Südens, da war das Sternbild, das vor Ort als »Stieltopf« bekannt war, und da war die Milchstraße, klar umrissen und leicht violett.

Das Universum erschien uns nahe und krümmte sich unter seinem eigenen Gewicht. Lichter, die ich noch nie gesehen hatte und die zu erinnern ich keinerlei Aussicht hatte, tanzten vor meinen Augen. Dies war der Himmel, der die frühen Entdecker, ja die Anfänge der Menschheit geleitet hatte. Er war uralt und neu, fremd und vertraut. Wir haben diese Kunst verloren, die Fähigkeit, uns von den Sternen leiten zu lassen. Aber statt mir klein vorzukommen, fand ich allmählich meinen Platz, irgendwo zwischen den Sternbildern und dem Mond. Ich wusste, dass es den Himmel nicht kümmerte, ob ich emporblickte, ob wir emporblickten. Und dennoch leitet er uns alle gleichermaßen und weist uns unseren Platz auf Erden und im Universum zu.

Ich drehte und drehte und drehte mich und versuchte, den ganzen Himmel auf einmal in mich aufzunehmen. Meine Freundin stand neben mir, schweigsam und lächelnd. Ihr war er vertraut, dieser Himmel frei von Dunst und Stadtlichtern. Mir würde er nie vertraut sein. Aber jetzt, wo ich wieder zu Hause bin, zurück in der Stadt, starre ich noch immer in den Himmel und versuche, durch die Wolken und den Smog und die blinkenden Flugzeuge einen flüchtigen Eindruck von diesem Gewicht zu erhaschen. Verdeckt durch die Lichter der Großstadt kann er mich hier nicht leiten. Aber manchmal, nur manchmal, meine ich ihn zu sehen.

·········×

> **Dies war der Himmel, der die frühen Entdecker, ja die Anfänge der Menschheit geleitet hatte.**

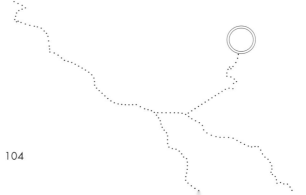

Interview

Den eigenen Füßen folgen

In seiner Kindheit nahmen Max Blackmores Eltern ihn oft mit zum Zelten und Wandern in den Bergen und entlang der australischen Küste. Wie jedem Kind machten auch ihm diese Familienausflüge nicht immer Spaß. Aber in seinen Zwanzigerjahren und als Grafikdesigner, einem Beruf, der oft an den Schreibtisch bindet, entdeckte Max aufs Neue das Wandern und seine Verbundenheit mit der Natur.

Er recherchierte nach schönen Orte in der Natur mit gut erschlossenen Wanderwegen, und stellte fest, dass es kaum Informationen gab für Leute, die lediglich Anregungen suchten und nicht einen Schritt-für-Schritt-Wanderführer. Daher gründete er *Left Foot Right Foot*, einen Online-Wanderführer, der zwar Hintergrundinformationen über jeden Wanderweg und nützliche Tipps enthält, es ansonsten aber jedem selbst überlässt, den Rest auf eigene Faust zu entdecken. Über diese Website fand Max eine Gemeinschaft gleichgesinnter Wanderer und Abenteurer.

Was gab die Anregung für *Left Foot Right Foot*?
Ich bin als Kind immer gewandert, und zwischen zwanzig und dreißig kam ich dann wieder drauf. Ich mochte immer schon den Wilsons Prom National Park an der Südküste Australiens. An den meisten Geburtstagen fuhr ich dorthin und landete am Ende in der Regel am Leuchtturm, es war einfach wunderschön dort. Die erste Wanderung, die ich auf die Website setzte, führte durch Wilsons Prom.

Vor ein paar Jahren bin ich an der Ostküste Australiens herumgereist. Dort bekam man diese kostenlosen Karten, in denen Touristen-, Caravan- und Abenteuerparks verzeichnet waren – das ganze Zeug, von dem ich mich fern halten wollte. Sie enthielten auch ein großes grünes Feld, in dem stand »Nationalpark«, aber keine weiteren Informationen darüber. Die gedruckten Bücher übers Buschwandern dagegen sind mit Detail-Informationen überfrachtet.

Wandern ist im Prinzip kinderleicht. Ich schätze, das war einer der Kernpunkte der Website: den Leuten zu zeigen, wie leicht zugänglich Wandern ist. Man braucht nicht allen möglichen Schnickschnack, bloß ein Zelt, das nicht extrem schwer ist. Und dann ab und raus in die Natur.

Hast du jetzt eine Community auf der Website?
Es gibt eine Community in Gestalt unserer Mitwirkenden, denn wir haben dreißig oder mehr Leute, die zu der Seite beigetragen haben. Es ist genau das, was ich wollte: dass die Leute selbst eine Community aufbauen, gegenseitig ihre Fotos studieren und mit anderen Wanderern Kontakt aufnehmen können, dazu Bewertungen von Orten, an denen man noch nicht war, Ratschläge und Hinweise, all solche Sachen halt.

Ist der Wilsons Prom nach wie vor dein Lieblingsort zum Wandern?
In Victoria auf jeden Fall. Ich könnte für den Rest meines Lebens dorthin gehen. Da ist dieser eine Strand, Little Waterloo Bay, man hat das Gefühl, als wäre noch nie jemand dort gewesen. Wenn man im Winter in den Park geht, ist es noch besser, und wenn man über die verlassenen Zeltplätze läuft, dann tummeln sich dort Kaninchenkängurus und Wallabys.

Was gefällt dir am Wandern?
Es gibt zwei Arten von Wanderungen. Wenn man alleine unterwegs ist, hat man Zeit zum Nachdenken und um Fotos zu machen und einfach in der Natur zu sein, was ich am meisten genieße: einfach ringsum von ihr umgeben sein. Selbst wenn man jede Woche in derselben Gegend wandert, sieht man jedes Mal etwas anderes, man erlebt etwas anderes. Alles verändert sich ständig.

Und mit Leuten ist es letztlich dasselbe – man ist einfach mit Leuten zusammen, die dasselbe erleben. Man kommt an einen Ort, schlägt sein Lager auf, und dieser Moment des Schlafengehens und dieser Moment des Erwachens sind einfach perfekt. Man hat diesen Sonnenuntergang erlebt, der perfekt war, und die Temperatur ist perfekt; und dann wacht man auf, und es ist genauso. Oder wenn man versucht, ein Feuer anzuzünden: Das gibt einem ein zutiefst zufriedenes Gefühl. Man kann es nicht wirklich erklären.

·········×

Der passionierte Wanderer Max Blackwell könnte sich für den Rest seines Lebens auf den Wilsons Promontory National Park im australischen Bundesstaat Victoria beschränken und wäre zufrieden. Dieser Park beherbergt alles, was er am Wandern liebt: schöne Strände, Wildtiere in Hülle und Fülle und unglaubliche Aussichten, wie diese hier vom Gipfel des Mount Oberon.

Der gemeinsame Kaffee verbindet

Erik Gordon trank seine erste Tasse Kaffee erst, als er 21 Jahre alt war und die Hälfte einer Radtour durch Amerika hinter sich hatte. Es war keine große Entscheidung: Ihm war kalt, und der Kaffee war warm. Aber als Erik seinen ersten Schluck nahm, war er überwältigt. Plötzlich konnte er verstehen, warum Leute zusammenkommen und bei diesem einfachen Gebräu Kontakte knüpfen. Er entschied, dass dies seine Bestimmung war: Kaffee kochen und Verbindungen mit Amerikas Outdoor-Community aus Bergsteigern, Wanderern und Radfahrern eingehen – alles Leute, die ebenfalls ein Leben nach eigenem Gusto führen. Also kaufte Erik sich einen VW-Bus und gründete *Carabiner Coffee*. Heute bereist er mit dem Bus das Land, verkauft guten Kaffee und gute Kaffeebohnen und lebt seine Version des guten Lebens.

Es gibt keine größere Erfüllung als einen Weg zu gehen, der absolut und hundertprozentig der eigene ist. Für mich bedeutet es, das Land in einem alten VW-Bus namens Ol' Blue zu bereisen und durch eine einfache Tasse Kaffee Liebe zu verbreiten. Kaffee hat die Macht, Menschen zusammenzubringen, und es ist meine Mission, diese Verbundenheit zu nutzen, um Menschen anzuregen, etwas zu riskieren.

Als ich meine erste Tasse Kaffee trank, war ich ein abgerissener Kletterer auf der Suche nach dem abenteuerlichen Leben, das ich mir immer erträumt hatte. Ich trank eine Tasse Kaffee, um mich an einem kalten Küstentag aufzuwärmen, und sie öffnete mir die Augen für neue Möglichkeiten. Von da an waren Reisen, Kaffee und ein freies Leben miteinander verbunden.

Nachdem ich ein paar Jahre später nach Colorado gezogen war, fing ich an, das Kaffeegeschäft in- und auswendig zu lernen. Binnen Kurzem eignete ich mir das nötige Wissen und Selbstvertrauen an, um mich auf meine eigene Kaffeereise zu begeben. Ich wusste, dass sie sich auf die Natur und das Erleben wilder Orte konzentrieren musste.

Ol' Blue fand ich über eine Online-Börse ein paar Staaten entfernt. Ich machte dem Verkäufer mein Angebot, ohne den Bus jemals gefahren oder in natura gesehen zu haben. Im Laufe der folgenden Monate verwandelte ich ihn in mein Zuhause und in ein Café auf Rädern.

Als ich schließlich mit Ol' Blue aus der Stadt und über einen eisigen Gebirgspass fuhr, konnte ich mir ein Lächeln nicht verkneifen, obwohl meine Zehen taub und meine Finger weiß waren vor Kälte. Ich hatte mich in eine Lage gebracht, in der ich quasi keine andere Wahl hatte, als mich bereitwillig auf diese Reise einzulassen. Das war meine Chance. Das war mein Traum.

Alle paar Tage hat der Bus eine Panne und ich schaffe es oft nicht dorthin, wo ich hinwollte. Aber ich ertappe mich trotzdem mit einem Lächeln. Ich bin hier, ich lebe, und ich verbringe meine Tage genauso, wie sie verbracht werden sollten: Ich verbreite Liebe, so gut ich kann – durch eine Tasse verdammt guten Kaffees.

·········×

,,

Man hört Leute immer darüber reden, dass sie ein Leben ohne Grenzen führen wollen – und das hier war es. Das war meine Chance.

Erik Gordon hat sich einen Kleinbus gekauft und ihn in ein Café/Heim auf Rädern umfunktioniert. Seither fährt er die Westküste der Vereinigten Staaten entlang und verkauft Kaffee an andere Naturliebhaber.

Vom Sinn des Reisens

Matty Hannon hängte seinen Job in der Werbebranche an den Nagel, um mit einem Motorrad 13 500 Kilometer von Alaska nach Argentinien zu fahren. Er fuhr nicht, weil er diesen einen lebensverändernden Moment, diese eine malerische Entdeckung suchte, sondern in der Absicht, überall in Amerika inspirierende Menschen mit seiner Kamera zu dokumentieren. Es war eine Reise im Zeichen der Neugier und einer tiefen Wertschätzung der Menschen und Länder, die er unterwegs kennenlernte. Diese Neugier führte zu einer Zufallsbegegnung mit einem Mädchen namens Heather (siehe Seite 198), die sich Matty schließlich unterwegs anschloss.

Von zu Hause aufzubrechen ist eine berauschende Vorstellung: die Verheißung endlos rollender Wellen oder ordentlich gepflegter Skihänge mit perfekten Unterkünften, in denen ein Kaminfeuer prasselt. Es ist leicht, der Fantasie freien Lauf zu lassen beim Anblick von Prospekten, Katalogen, Hochglanztiteln. Wie schön wäre das Leben, wenn man das nächste Mal einfach dorthin fahren, sich mit diesen lächelnden Menschen anfreunden, nur einen von diesen »15 Urlaube, die dein Leben verändern« machen könnte?

Aber von den Verlockungen einiger arbeitsfreier Wochen, und den hübschen Bildern für das eigene Instagram-Konto einmal abgesehen: Ist dieses ganze Reisen der persönlichen Entwicklung eigentlich förderlich? Fördert es wirkliches Verständnis und Toleranz oder begünstigt es lediglich elitäres Denken und Uniformität? Lernen wir von den Orten, die wir besuchen, oder drängen wir uns Örtlichkeiten auf, die ohne uns besser dran wären? Und wieso eigentlich kehren wir von diesen »lebensverändernden« Reisezielen nicht zurück mit einem wirklich anderen Leben?

Vielleicht, weil diesem Reisen, wie den meisten Dingen, die vermarktet werden, die Seele oder eine tiefere Bedeutung fehlt? Für viele Menschen sind Reisen lediglich zu einem weiteren Konsumartikel geworden. Das wahre Wesen des Reisens harrt noch seiner Entdeckung – es hilft aber, einen sinnvollen Grund zu haben, sich auf die Reise zu machen.

Bei meinen eigenen Reisen entschied ich mich, den Film zu meinem Medium und die Zeit zu meiner Währung zu machen. Ich gab meinen Job in Australien auf und begab mich auf eine transkontinentale Motorrad- und Surfreise von Alaska nach Patagonien. Ich hatte vor, überall auf dem amerikanischen Kontinent inspirierende Menschen zu finden und ihre Ideen zu dokumentieren. Eine der ersten Sequenzen, die ich filmte, war eine urbane Farm in British Columbia, deren Besitzerin

> **„**
>
> **Für viele Menschen sind Reisen lediglich zu einem weiteren Konsumartikel geworden. Das wahre Wesen des Reisens harrt noch seiner Entdeckung.**

Als Matty Hannon auf seinem Motorrad aufbrach und von Alaska aus nach Süden in Richtung Argentinien fuhr, begegnete ihm unterwegs viel Unerwartetes: faszinierende Menschen, neue Denkweisen und ein Mädchen, in das er sich verliebte und mit dem er in der Atacama-Wüste unter Sternen schlief.

ich interviewte. Am Ende schloss die hübsche Unternehmerin sich mir auf meiner Reise nach Südamerika an. Heather und ich sind seitdem zusammen.

Wir fuhren gen Süden und interviewten 50 Leute in ganz Nord- und Südamerika. Und in diesen tiefgründigen Gesprächen entdeckte ich einen Sinn in der Vorstellung vom »Reisen« und von »Abenteuern«. Ich setzte mich mit unterschiedlichen Ansichten auseinander, dachte nach und nahm immer wieder Änderungen an meiner Lebensweise vor. Interviews mit Landwirten, die in einer traditionellen bäuerlichen Gemeinschaft in den Anden lebten, veranlassten uns schließlich, unsere Motorräder zu verkaufen und unsere Reise zu Pferde fortzusetzen.

In solchen Augenblicken finde ich, dass die Dokumentarfilmerei eine wunderbare Methode ist. Man kann tiefgründige und bohrende Fragen stellen, und man bekommt ehrliche, teilweise tiefschürfende Antworten, die manches Mal sogar die Macht haben, die eigenen Überzeugungen zu erschüttern.

Aber so wie man keine Urlaubsreise aus einem Hochglanzprospekt braucht – nicht wirklich –, brauchen die meisten Menschen keine Dokumentarfilmkamera und kein Mikrofon, um die Welt zu erleben. Das Einzige, was wirklich notwendig ist, sind Neugier und tiefes Verständnis. Vielleicht brauchen wir heute beides mehr denn je. Allein deshalb ist es unsere Pflicht zu reisen. Nur wohin und wie gut wir reisen, bleibt uns überlassen.

·········×

"

Die Menschen brauchen keine Dokumentarfilmkamera und kein Mikrofon, um die Welt zu erleben. Das einzig wirklich Notwendige sind Neugier und tiefes Verständnis.

> Ich setzte mich mit unterschiedlichen Ansichten auseinander, dachte nach und nahm immer wieder Änderungen an meiner Lebensweise vor.

Interview

Die Schönheit
einer beschädigten Welt einfangen

Brooke Holm wurde mehr oder weniger durch Zufall Fotografin. Sie arbeitete in einer Werbeagentur, als
jemand ihr eine Kamera in die Hand drückte und ihr sagte, sie solle Fotos von ein paar Außenplakatwänden
machen, die das Unternehmen gestaltet hatte. Sie machte die Fotos, alle waren zufrieden, und Brooke
war Feuer und Flamme, und zwar so sehr, dass sie wieder die Schulbank drückte,
um ihre Fähigkeiten weiterzuentwickeln. Heute ist Brooke in Australien und den Vereinigten Staaten
eine gefragte Werbefotografin, aber es sind Naturfotografien von menschengemachten und
vom Menschen beeinträchtigten Orte der Welt, die sie wirklich umtreiben und ihrem innersten Interesse
entsprechen. Diese Fotografien demonstrieren ihre Leidenschaft für die Umwelt und ihr Bestreben,
die Aufmerksamkeit auf Orte zu lenken, die die meisten von uns niemals zu sehen bekommen.

**Eine Tätigkeit in der Werbebranche und
deine künstlerische Arbeit – wie bringst du beides
miteinander in Einklang?**
Während die treibende Kraft hinter meine Werbearbeit die
Tatsache ist, dass ich mitten in einer verrückten und über-
drehten Großstadt lebe und arbeite, ist meine persönliche,
künstlerische Arbeit mein Fluchtmittel und meine Chance,
genau das zu fotografieren, was mir wichtig ist. Es gibt keinen Auftrag oder einen Kunden, den ich zufriedenstellen
muss. Momentan besteht diese Arbeit darin, die Welt im
sozialen und ökologischen Sinne besser zu begreifen. Meine
Kunst war immer schon motiviert von den Beziehungen der
Menschen zur Natur, vor allem meinem eigenen Verhältnis
zur Natur. Das ist vielleicht nicht immer angenehm, enthält
aber entscheidende Geschichten und wichtige Fragen.

Wie wichtig ist die Natur für deine Arbeit?
Die Natur ist der wichtigste Aspekt meiner Arbeit. Natur
und Menschen beeinflussen einander auf vielfältige Weise,
sodass ein gegenseitiges Geben und Nehmen stattfinden
sollte. Stattdessen scheint das Verhältnis einseitig: Wir nehmen – und wir geben kaum etwas zurück. Ich zerbreche
mir ständig den Kopf darüber, wie man vermittelt, dass
es wichtig ist, unseren Planeten zu achten und zu hegen.
Unsere Abhängigkeit von seinen Ressourcen und unsere
Lebensweise ist zu einer großen Belastung geworden.

Alles auf dieser Welt hängt miteinander zusammen. Unsere
Meere versauern, Arten sterben aus – und das alles wegen
uns. Wir können einen Vulkan nicht mit Waffen bekämpfen,
und wir können uns definitiv kein neues Great Barrier Reef
kaufen, wenn wir es irgendwann zerstören.

Was bedeutet dir persönlich die Natur?
Sie ist das einzige, das für mich wirklich vollkommen ver-
nünftig ist. Es beunruhigt mich zutiefst, all die schrecklichen
Dinge zu sehen, die unsere Umwelt in Mitleidenschaft ziehen. In mir steckt ein tiefer Drang, Dinge zu erforschen und
Orte im realen und im übertragenen Sinn aus ganz neuen
Blickwinkeln zu betrachten. Die Natur findet einen Weg, uns
zu der Frage zu zwingen, was wirklich zählt. Diese fragilen
Landschaften zu finden und sie zu dokumentieren, ist eine
sehr persönliche Sache, aber zugleich fühle ich mich verantwortlich, meine Entdeckungen mit anderen zu teilen, die ihre
Heimatstadt nicht verlassen können oder vergessen haben,
wie man über den Tellerrand der eigenen Behaglichkeit blickt.
Ich möchte zum gründlicheren Nachdenken anregen und
dazu, dass die Menschen bei meinen Bildern etwas fühlen.

**Im letzten Jahr hast du spektakuläre Fotos von der
Shark Bay an der Westküste Australiens gemacht, die
eindringlich die kräftigen Farben und kahlen Flächen
der Landschaft zeigen. Was zog dich zur Shark Bay?**
Die Shark Bay ist Teil des Unesco-Welterbes, ihre Flora und
Fauna sind geschützt. Aber inmitten dieser Naturlandschaft
liegt ein Salzbergwerk (unten rechts abgebildet), das nicht
zum Welterbe gehört.

Mein Projekt *Salt and Sky* geht dem Phänomen nach, wie sehr
Menschen das ursprüngliche Erscheinungsbild einer Landschaft verändern. Dies ist ein sehr gutes Beispiel dafür, wie
wir von der Umwelt nehmen. Die Teiche wurden mehr und
mehr erweitert, und dadurch werden Meeresflora und -fauna
verdrängt. Während wir also Luftbilder dieses ästhetisch wun-
derschönen menschengemachten Ortes betrachten, ist es auch
wichtig, die Eingriffe in die Natur zur Kenntnis zu nehmen.

> „Die Natur findet einen Weg, uns zu der Frage zu zwingen, was wirklich zählt.

„
Wir können einen
Vulkan nicht mit Waffen
bekämpfen und uns
kein neues Great Barrier
Reef kaufen, wenn wir es
irgendwann zerstören.

„
Dieser Arktis steht für das, was wir verlieren werden, wenn wir nicht bereit sind zu handeln. Meine Hoffnung ist, dass ich zumindest ein wachsendes Bewusstsein wecke.

Stellst du dich ständig selbst in Frage, um auf neue Blickwinkel und neue Herangehensweisen zu kommen?
Allerdings. Ich habe eine sehr intuitive Art, Dinge zu sehen und zu fotografieren, sodass mir der physische Akt des Fotografierens leichtfällt. Ich weiß auf Anhieb, wann ich ein Motiv habe und wann nicht, und es gibt immer ein Zusammenspiel von Blickwinkeln, Perspektiven, Form, Farbe, Struktur und Licht. Ich stelle mich ständig selbst in Frage, um meine Möglichkeiten auszureizen, stelle Recherchen an und suche Reiseziele, die meine Neugier entfachen und meinen Interessen und Anliegen entsprechen.

Vor den Shark-Bay-Fotos hast du eine Fotoserie über die Arktis gemacht. Wie war es, in die kalten, entlegenen Gebiete der Welt zu reisen?
Meine arktische Expedition ist etwas, was ich nie vergessen werde. Ich reiste alleine nach Spitzbergen, einer abgelegenen Inselgruppe nördlich von Norwegen, wo ich eine kleine zwölfköpfige Expeditions-Crew traf. Wir verbrachten zehn Tage zusammen auf dem Nördlichen Eismeer, befuhren Fjorde, brachen durch Meereis und erlebten dabei hautnah die gewaltige Größe der Gletscher und beobachteten Eisbären und andere Wildtiere. Dort oben betrachtet man die Dinge wirklich von einer anderen Warte aus.

Die Arktis ist ständig in den Nachrichten als der Ort, an dem der Klimawandel am stärksten spürbar ist. Hattest du ebenfalls diesen Eindruck, als du dort warst? Hast du versucht, das mit deiner Kamera einzufangen?
Ja, er ist dort krasser spürbar. Die Arktis erwärmt sich mindestens doppelt so schnell wie der Rest der Welt; die Zahl der Eisbären geht zurück, weil die Menge an Meereis, die schmilzt, jedes Jahr zunimmt. Sie sind abhängig vom Meereis – ohne Eis können sie weder jagen noch fressen, und viele von ihnen verhungern jeden Sommer. Die Gletscher sind in beunruhigendem Tempo zurückgegangen, und der tauende Permafrost führt dazu, dass die darin gebundenen Methangase in die Atmosphäre entweichen.

Meine arktische Serie zeigt eine außerweltliche Landschaft, die große Gefahr läuft, zerstört zu werden. Das ist kein Ort, den viele zu ihren Lebzeiten sehen werden, also fuhr ich dorthin, um seinen gegenwärtigen Zustand zu dokumentieren, und damit ein Bewusstsein für die unmittelbare Bedrohung seiner Existenz zu schaffen.

Was hoffst du, werden die Leute sehen, wenn sie diese Fotos betrachten?
Ich hoffe, sie erkennen, wie besonders die Arktis ist. Sie ist ein immens schöner, ungeheuer zerbrechlicher Lebensraum, aber es ist schwierig, Veränderungen anzustoßen für etwas, das nicht wertgeschätzt wird. Vor allem wenn es so weit weg ist aus dem gewöhnlichen Alltag der meisten Menschen. Dieser Archipel ist völlig isoliert vom Rest der Welt, aber er steht auch für das, was wir verlieren werden, wenn wir nicht informiert werden und dann auch bereit sind zu handeln. Meine Hoffnung ist, dass ich zumindest ein Bewusstsein wecke.

Für deine künstlerische Arbeit warst du an einigen extrem unterschiedlichen Orten. Wie wählst und planst du jeden Aufnahmeort?
Bislang hat es sich organisch ergeben. Ich habe eine Idee im Kopf und verfolge sie. Spitzbergen stand immer schon auf meiner Liste, dass es in Philip Pullmans Roman *Der goldene Kompass* auftaucht, den ich in meiner Jugend las. Andere Reisen wurden durch Bilder, die ich gesehen, oder Artikel, die ich gelesen habe, angestoßen. Wir haben Glück, dass wir Zugang zur Bilderwelt aller möglichen Orte haben, sodass ich einen Ort gründlich betrachten kann, bevor ich aufbreche.

Und – wohin geht es als Nächstes?
Höchstwahrscheinlich nach Grönland, um meine Spitzbergen- und Island-Arbeit fortzusetzen. Ansonsten gibt es eine ellenlange Liste, die ich lediglich schrittweise abzuarbeiten brauche.

·········×

Die Fotografin Brooke Holm sorgt sich über die Auswirkungen menschlichen Handelns auf die Natur. Sie glaubt, dass es ein dringend notwendiges Licht auf die Verbindung zwischen uns und der Welt wirft, wenn Orte wie dieser in Kanada im Bild festgehalten werden, und dass Mensch und Natur verbunden sind, ob wir es merken oder nicht.

Die verlorene Kunst, Berge zu überqueren

Daniel Wakefield-Pasley ist Mitbegründer des *Yonder Journal*, einer amerikanischen Outdoor-Zeitschrift, die nicht bloß über Abenteuer in der Natur redet, sondern sie auch analysiert, und manchmal gar versucht, sie zu bezwingen. Das Team hinter *Yonder Journal* macht Dinge gern ein bisschen ... anders. Dazu gehört auch, sich angsteinflößenden Aufgaben zu stellen, bei denen man die Zähne zusammenbeißen muss, wie etwa bei dem Projekt *Dead Reckoning* – dem ambitionierten Versuch, mit Leichtfahrrädern über die wilden Gebirgspässe der Welt zu radeln. Berge sind gewaltige Barrieren – aber um seine Persönlichkeit zu entfalten und sich weiterentwickeln und lauter solches Zeugs, muss man sich manchmal trauen, einen oder auch zwei zu überqueren.

Historisch und kulturell betrachtet gehören Berge, was Reisen und Handel betrifft, seit jeher zu den größten und interessantesten Hindernisse für den Menschen. Sie sind topografisch eindrucksvoll. Sie sind buchstäblich und metaphorisch atemberaubend. Und, was am wichtigsten ist, sie sind furchterregend und gefahrvoll, und der Versuch, sie zu überqueren, kann ernsthafte Konsequenzen heraufbeschwören.

Berge oder ganze Gebirge zu überqueren liegt in unserer Natur. Etwas treibt uns an, Grenzen auszutesten, Entdeckungen zu machen und das Unfassbare zu erfassen. Mit anderen Worten: Wir sind ein risikofreudiges Völkchen. Und wie jeder Pionier, ob George Donner, Hannibal, Sir Edmund Hillary oder Napoleon Bonaparte, uns versichern könnte, wartet auf der anderen Seite eines Berges ~~immer~~ vielleicht etwas Gutes: eine neue Sprache, besserer Käse, kuriose Musikinstrumente, Gold, Regenbögen, goldene Regenbögen ... Aber nur, wenn man es schafft.

Im Jahr 2015 machte sich das Team des *Yonder Journal* daran, die verlorene Fertigkeit der Over-Mountain Exploration (O-ME) zu erforschen, zu dokumentieren und bekannt zu machen, und das in einer Zeit, in der die Menschen sich mehr dafür interessieren, Berge zu besteigen, als sie zu überqueren. Wir gaben dem Projekt den Namen *Dead Reckoning*. Zwei Jahre lang wandten wir die Techniken und Methoden des Abenteuer-Radfahrens auf mehrtägige Expeditionen an, stets mit Blick auf das Ziel, Berge auf den unterschiedlichsten uralten und modernen Handelsrouten zu überqueren. Die Erkundung führte uns nach Neuseeland, Bolivien, Kanada, in die Vereinigten Staaten, nach Australien, Kolumbien und Georgien.

Warum per Fahrrad? Warum nicht auf einem Esel, einem Motorrad, mit einem Helikopter, einem Segelboot oder einfach mit einem Paar Wanderschuhen? Weil Fahrräder die pragmatischsten, nützlichsten und effizientesten Personenbeförderungsmittel sind, die je erfunden wurden. Sie sind zuverlässig, einfach, vielseitig und gut zu bepacken. Wandern ist eine furchtbar langsame Art der Fortbewegung, einen Esel muss man füttern, ein Motorrad betanken, einen Helikopter warten. Zudem: Fahrräder nutzen das Rad, vor dem in der Liste der besten Erfindungen aller Zeiten nur noch das Feuer rangiert.

> **„**
>
> Berge oder ganze Gebirge zu überqueren liegt in unserer Natur. Etwas treibt uns an, Grenzen auszutesten, Entdeckungen zu machen und das Unfassbare zu erfassen.

Und hat es sich gelohnt? Mal sehen …

- × Haben wir neue Käsearomen und exotische Früchte entdeckt? (Ja, aber die meisten waren nur mäßig gut. Kolumbien hat die besten Früchte auf der Welt. Das ist keine Übertreibung: Fragt einfach nach einem *jugo con leche!*)
- × Brauchten wir wirklich diese Gelbfieber-Impfung? (Wahrscheinlich. Wir sind nicht an Gelbfieber erkrankt, also, ja, wahrscheinlich. Aber wir haben auch den größten Teil unserer Zeit oberhalb von 4500 Metern verbracht. Solche Höhenlagen übersteht nicht einmal Gelbfieber.)
- × Wie viel hat eigentlich der Helikopterflug in den Südalpen gekostet? (1500 Euro.)
- × Was heißt das: »Sich einen Grizzly vornehmen«? (Das ist eine lange Geschichte, aber man kann sie folgendermaßen zusammenfassen: ihn anstarren, ihn anbrüllen, zurückweichen, aber keinen Rückzieher machen. Und sich in die Hose scheißen.)
- × Kann es mitten im nordamerikanischen Sommer tatsächlich immer und immer wieder schneien? (Ja.)
- × Spiegelt die Höhenkrankheit eine Panikattacke wider oder ist sie deren Ursache – oder ist sie deren Ursache und spiegelt sie anschließend wider? (Zweimal ja. Obendrein bescheren einem extremen Höhen merkwürdige Träume.)

………×

> „
> Auf der anderen Seite eines Berges wartet ~~immer~~ vielleicht etwas Gutes: eine neue Sprache, besserer Käse, Gold, Regenbögen, goldene Regenbögen …
> Aber nur, wenn man es hinüber schafft.

Daniel Wakefield Pasley und das Team von der Abenteuerzeitschrift *Yonder Journal* sind überzeugt, dass es auf der anderen Seite eines Berges immer etwas Gutes zu entdecken gibt. Für ihr Projekt *Dead Reckoning* radelten sie über Berge in der ganzen Welt, nur um zu sehen, was sie dort finden könnten.

Interview

Die Kraft alltäglicher Abenteuer

Alastair Humphreys ist noch nie vor einem Abenteuer zurückgescheut. Mit acht lief er bei Trail Runs wie dem »Yorkshire 3 Peaks« über Berge. Mit vierzehn radelte er querfeldein durch England. Während des Studiums unternahm er ausgedehnte Touren von Pakistan nach Indien, von der Türkei nach Italien und weiter. Nach seinem Abschluss stürzte er sich voll und ganz in die Jagd nach Abenteuern, radelte über Kontinente, ruderte über Ozeane und wanderte durch die wilden Gegenden der Welt.

Obwohl er sich auf einige Abenteuer von epischen Ausmaßen begeben hat, glaubt Alastair an die Kraft der Abenteuer vor der eigenen Haustür. Er nennt diese Ausflüge Mikroabenteuer: kleine, preiswerte ortsnahe Reisen, die jeder zwischen seine täglichen Arbeitswege und Verpflichtungen einschieben kann. Die Idee dahinter ist, die Freude an der freien Natur wiederzufinden, neue Dinge zu entdecken und Abenteuer nicht als ein Abhaken einer Bucketlist mit entlegener Orte und wagemutiger Taten, sondern als eine innere Einstellung zu begreifen.

Du hast dich direkt nach dem Studium in Abenteuer gestürzt, bist um die Welt geradelt, über den Atlantik gerudert und in Indien einen heiligen Fluss von der Quelle bis zur Mündung entlanggewandert. Was lockt dich am Abenteuer?
Ich liebe aufregende, ungewöhnliche Sachen. Ich bin weder ein Draufgänger noch ein Adrenalin-Junkie, aber ich finde Aktivitäten reizvoll, die mir ein wenig Angst machen und Unternehmungsgeist und Enthusiasmus erfordern.

„

Meiner Ansicht nach spielen sich Abenteuer hauptsächlich im Kopf ab. Abenteuer ist eine innere Einstellung.

Wenn mein normales Leben mir ein bisschen, nun ja, normal vorkommt, dann ist ein Abenteuer angesagt. Das Leben besteht nicht nur aus Arbeit, Ernsthaftigkeit und der Planung für die Rente. »Das kommt für mich nicht in Frage«, erklärte die Schriftstellerin Annie Dillard. »Die Welt ist wilder als das, in jeder Hinsicht, gefährlicher und härter, extravaganter und vielversprechender. Wir machen Reibach, wo wir auf den Putz hauen sollten.« Mit anderen Worten: Manchmal sollte man einfach nur Spaß zu haben.

Die meisten Leute träumen davon, zu reisen, wenn sie irgendwann in Rente sind oder im Lotto gewonnen haben. Ich entschied mich, nicht auf den Ruhestand oder einen unverhofften Geldsegen zu warten. Ich tüftelte einfach aus, wie man preiswert reist. So lernte ich, wie man wild übernachtete, um Unterkunftskosten zu sparen. Ich ging zu Fuß, sodass die Beförderung mich nichts kostete. Ich aß das billigste Essen. Mein Marsch durch Indien kostete mich nur 500 Pfund, von denen allein 300 für das Flugticket draufgingen.

Neben allem anderen reise ich, um Spaß zu haben und den warmen Sonnenschein auf meinem Gesicht zu spüren (obwohl ich ihn mittags, wenn ich anfange zu schwitzen, regelmäßig verfluche). Ich schlürfe Mangos und mache bei Dorf-Kricketspielen mit. Wenn Leute fragen: »Warum reist du?«, gibt es keine einfachere und ehrlichere Antwort als: »Zum Vergnügen«.

140

Wodurch wird für dich etwas zu einem Abenteuer?
Ich denke, der Kern von Abenteuer ist etwas Tiefgründiges, obwohl es sich zweifellos durch Reisen, Expeditionen und Extremsportarten ausdrückt.

Will man Abenteuer definieren, dann denkt man am besten mal kurz darüber nach, was es nicht ist. Es geht nicht um Weltrekorde, nicht darum, andere zu besiegen, nicht um eine Story, einen Film oder darum, einen Haufen Geld zu machen, im Internet berühmt zu werden, »Inhalte« zu generieren oder zu wiederholen, was man bereits getan hat, nur schneller.

Meiner Ansicht nach spielen sich Abenteuer hauptsächlich im Kopf ab. Abenteuer ist eine innere Einstellung. Es bedeutet, etwas zu tun, was neu ist; etwas Schwieriges, Aufregendes, Beängstigendes. Etwas, bei dem eine erhebliche Chance besteht, zu scheitern, und was einem nach Beendigung das verlockende Gefühl der Befriedigung verschafft. Zum Abenteuer gehören Unvorhersehbarkeit und Ungewissheit – das alles ist Teil der Belohnung am Ende.

Nach Abenteuern streben sollte man mit Entschlossenheit, gehöriger Anstrengung, Neugier und (wenn möglich) immer mit einem lebendigen Sinn für Humor.

Obwohl du einige unglaubliche Abenteuer an entlegenen Orten erlebt hast, hattest du die Ideen zum Abenteuer vor der eigenen Haustür. Was macht ein »Mikroabenteuer« aus und wie bist du darauf gekommen?
Auf meinen Vortragsreisen bekam ich immer wieder zu hören: »Sie sind ein Abenteurer. Ich bin ein normaler Mensch.« Aber ich denke, jeder ist sowohl ein Abenteurer als auch ein normaler Mensch – ich selbst eingeschlossen. Ich wollte zeigen, dass die einzige Barriere die ist, die wir selbst errichten. Also beschloss ich, ein Jahr der Entdeckung meines eigenen Landes zu widmen, indem ich mich beschränkte – den Ball wirklich flach hielt. Ich machte mich auf die Suche nach klitzekleinen Abenteuern vor der eigenen Haustür.

Die meisten Leute haben nicht die Zeit für eine Radtour um die Welt oder sind nicht fit genug, den Everest zu besteigen, aber das heißt nicht, dass sie nicht Abenteuer erleben können. Mikroabenteuer sind bewusst klein dimensioniert. Sie sind kurz, preiswert, einfach und oftmals ortsnah. Aber auch sie fordern den Abenteurer, mental und körperlich. Mich motivieren sie, neue Orte zu entdecken und der Alltagsroutine, wenn auch nur kurz, zu entfliehen.

Vielleicht hat man das Gefühl, dass die Stadt, in der man lebt, langweilig ist oder einen erdrückt, und dass es Abenteuer nur irgendwo draußen in der Wildnis gibt. Vielleicht hat man als Kind gern gezeltet, aber jetzt halten einen alle möglichen Verpflichtungen davon ab, rauszukommen. Es sind genau diese Gefühle, die Mikroabenteuer überwinden sollen. Sie sollen einen packen – höflich, aber bestimmt – und einen aufrütteln, Flüsse und Berge wiederzuentdecken, sich der vielen Freuden zu erinnern, welche die Erkundung der Welt um einen herum bereithält.

Mikroabenteuer ermöglichen es, überall und jederzeit etwas Neues zu tun, selbst in den Stunden nach und vor der Arbeit. Geht es hier nur um Bequemlichkeit und leichte Umsetzbarkeit oder ist etwas Besonderes daran, seine Heimat mit neuen Augen zu sehen? Beides! Es geht darum, die eigenen Lebensumstände oder seine Heimat aus einem anderen Blickwinkel zu betrachten. Sobald man erfährt, dass man Wildnis und Abenteuer gleich um die nächste Ecke finden kann, hat man weniger Ausreden, um Zeitmangel oder fehlende Mitte für die eigene Trägheit verantwortlich zu machen.

> Ich finde Aktivitäten reizvoll, die mir ein wenig Angst machen und Unternehmungsgeist und Enthusiasmus erfordern. Ich verspüre eine Berufung zum Abenteuer.

**Erzähl uns von einigen der Mikroabenteuer,
die du erlebt hast.**

Ich bin einen Abschnitt der 190 Kilometer langen M25, des
Autobahnrings um London, gelaufen, und ich muss sagen,
ich habe nachts schon besser geschlafen (die Autobahn schläft
nie). Ich bin auch mehrmals in demselben Wald auf Nacht-
wanderung gegangen, und zwar zu allen vier Jahreszeiten,
sodass ich den Wald rund ums Jahr kennenlernen konnte.

Ich schnappte mir sogar Biwak, Isomatte, Regenmantel und
meine Kamera und begab mich auf ein Mikroabenteuer in
der Nähe meines Hauses. Der Radius sollte groß genug sein,
dass ich um fünf Uhr nachmittags aufbrechen, die Runde
vollenden und spätestens um neun am nächsten Morgen
wieder an meinem Schreibtisch sitzen konnte. Es war preiswert, logistisch einfach und eine ausgezeichnete Möglichkeit,
die wilden Ecken meiner unmittelbaren Umgebung zu
erkunden, und zwar sehr viel langsamer, als ich es normalerweise tue. Es erinnerte mich daran, wie leicht es ist, von
hässlichen, bebauten Gegenden wegzukommen und winzige
Flecken wunderschöner Wildnis zu entdecken. Alles, was
man tun muss, ist sich die Zeit nehmen.

**Abhängig von Zeit und Ort können Mikroabenteuer
wirklich alles Mögliche sein – hast du eine griffige
Regel dafür, was ein Mikroabenteuer ausmacht?**

Douglas Bader sagte einmal: »Klugen Menschen dienen
Regeln als Orientierungshilfe, Dummköpfen nötigen sie
Gehorsam ab.« Mir ist egal, was die Leute tun, solange
sie irgendetwas tun. Gleichwohl glaube ich, dass eine im
Freien unter den Sternen verbrachte Nacht ein Erlebnis
sehr viel unvergesslicher und lohnender macht und einen
persönlich unter Umständen stärker verändert, als wenn
man bloß einen Tagesausflug unternimmt. Den ganzen
Tag Fahrrad fahren ist unbedingt zu empfehlen, aber
wer danach noch im Freien in einem Biwak schläft, der
wird etwas sehr viel Abenteuerlicheres getan haben.

**Du warst 2012 einer der »Abenteurer des Jahres«
von National Geographic, weil du dich mit Mikro-
abenteuern beschäftigst. Wieso glaubst du, dass
diese Idee bei den Leuten ankommt?**

Deshalb, weil Mikroabenteuer für alle ganz normalen Menschen, die in ihrem realen Leben ausgelastet sind, erreichbar,
machbar und realistisch sind. Sehr viele der Abenteuer, die
wir konsumieren, sind mittelbar, nachempfunden – fast

wie ein Abenteuer-Porno. Um die Welt zu radeln, über den
Atlantik zu rudern – all das ist erregend und spannend, aber
nichts, was jemand mit einem Job und einer Familie jemals
tun wird. Mikroabenteuer haben einen Nerv getroffen, weil
sie das Abenteuer zu den ganz gewöhnlichen Leuten gebracht
haben und ihnen nicht das Gefühl geben, ausgeschlossen und
minderwertig zu sein.

**Was würdest du zu jemandem sagen, der behauptet,
er/sie könne nicht zu einem Abenteuer aufbrechen?**

Ich würde sagen: Doch, du kannst.

Natürlich ist mir bewusst, dass manche Leute wirklich mit
erheblichen Hürden im Leben zu kämpfen haben – einer
Behinderung beispielsweise –, aber der großen Mehrheit der
Weltbevölkerung würde ich Folgendes raten: Statt dir zu sagen
»Ich habe nicht die Zeit, das zu tun« oder »Ich kann es mir
nicht leisten, diese Reise zu unternehmen«, probiere dasselbe
mal mit »nicht wollen«. »Ich will das nicht tun.« und »Ich will
nicht auf diese Reise sparen.« Denn wenn man etwas will –
es wirklich will –, dann findet sich meist auch ein Weg.

Sich zu sagen, dass man etwas nicht will, könnte helfen, einen
klaren Kopf zu bekommen und einzusehen, dass das, was man
für eine echte Hürde gehalten hat, in Wirklichkeit bloß eine
geistige Blockade ist, die man für sich selbst geschaffen hat.

Jemand hat vielleicht Angst; vielleicht wird es wirklich
schwierig werden; vielleicht fehlt ihm der rechte Wille,
seinen Traum von Abenteuer zu verwirklichen. Aber zumindest ist er jetzt einer ehrlichen Antwort etwas näher.

**Wie bringst du die Mikroabenteuer mit den größeren
Abenteuern in Einklang?**

Mikroabenteuer passen wunderbar in die Lücken zwischen
den großen Abenteuern – beide müssen sich unbedingt die
Waage halten. Ich versuche von beiden so viele zu erleben,
wie ich nur kann! Und in den Zeiten zwischen den großen
Abenteuern, wenn ich schreibe, mit dem Alltagsleben be-
schäftigt bin, flüchte ich so oft ich kann auf einem Berg für
eine Nacht im Biwak.

·········×

Polarlichter können blasser aussehen, als man es sich vorstellt. Aber wenn man weit entfernt ist von den Lichtern der Großstadt und die Augen sich erst einmal an die Dunkelheit gewöhnt haben, ist ein Polarlicht ein unglaublicher, faszinierender Anblick. Die flirrenden, tanzenden Bewegungen eines Polarlichts sind schlichtweg übernatürlich.

Den Lichtern nachjagen

Wir kauerten uns in unser Zelt im Jesper National Park in British Columbia, Kanada, und versuchten, uns bei der sommerlichen Kälte in den Bergen warm zu halten. Mein Verlobter und ich hatten die letzten zwei Monate in Auto und Zelt gelebt und waren durch Nordamerikas gebirgige Parks gewandert. Ich war müde und brauchte Schlaf, aber die Typen, die neben uns zelteten, hockten noch lange um ihr Lagerfeuer und unterhielten sich laut. »Es sind die Polarlichter!«, sagte plötzlich einer von ihnen. Zumindest meinte ich ihn das sagen zu hören. Es ist nicht die richtige Zeit des Jahres für die Lichter, sagte mein verärgertes, schlaftrunkenes Gehirn, das weiterschlafen wollte. Es ist sowieso zu kalt zum Aufstehen.

Aber wir rafften uns trotzdem auf, und da waren sie: grüne, mäandernde Flüsse, die sich so schnell bewegten, dass man ihnen kaum folgen konnte. Sie ruckelten und flackerten und wechselten zwischen jedem Blinzeln die Form. Man blinzelte einmal, und sie durchquerten die Finsternis in Gestalt von kurvenreichen Flüssen; man blinzelte noch einmal, und plötzlich waren sie leuchtende gläserne Vorhänge, die wie Eiszapfen vom Rand eines Daches hingen. Wir sahen nie den Moment, wenn aus dem Fluss ein Vorhang wurde – die Lichter waren einfach da und dann wieder nicht. Sie waren nicht so leuchtend grün wie auf den Fotos, die ich gesehen hatte – Kameras erfassen und verstärken Farben in einer Weise, wie es das menschliche Auge nicht vermag –, aber sie waren dennoch deutlich sichtbar und leuchteten ganz nahe. Sie waren überall und nirgends und zu groß, als dass der Verstand sie hätte fassen können.

Man hatte das Gefühl, als müssten irgendwie Geräusche mit den Lichtern einhergehen, aber die ganze Vorführung vollzog sich in völliger Stille. Außer unserem Atmen war nichts zu hören.

Die Lichter heißen auf der Nordhalbkugel *Aurora borealis* – benannt nach der römischen Göttin der Morgenröte (Aurora) und dem griechischen Namen für den Nordwind (Borea) – und auf der Südhalbkugel *Aurora australis*. Seit Urzeiten haben die Menschen Bedeutungen aus ihnen herausgelesen: sie erblickten Vorzeichen für Krieg und Seuchen, oder sie sahen alte Erinnerungen oder grandiose Neuanfänge. Manche entdeckten in den Lichtgestalten gejagte und erlegte Tiere, die Geister der Jäger oder bei der Geburt gestorbene Kinder. Für andere waren sie Götter, Riesen und kämpfende Drachen, Anzeichen von Kollision und Reibung, was gar nicht weit von der Wirklichkeit entfernt ist: Bei den Nordlichtern handelt es sich tatsächlich um Kollisionen zwischen den geladenen Teilchen von Sonne und Erde.

Die Farben der Polarlichter hängen von der Höhe ab und von der Art der kollidierenden Atome – Grün- und Rottöne für Sauerstoff-, Blau- und Purpurrottöne für Stickstoffatome.

Man erblickt sie am ehesten in der Nähe der Pole, an Orten wie Kanada und Grönland, Australien und Neuseeland.

Wir beobachteten sie mit gereckten Hälsen und großen Augen und vergaßen jegliche Zeit. Es konnten zehn Minuten gewesen sein oder auch eine Stunde. Wir waren komplett verzaubert und konnten die Augen nicht von ihnen wenden, aus Angst, den Moment zu verpassen, wo sie anfingen, schwächer zu werden. Ich kramte in meinem Gedächtnis nach der chemischen Erklärung für sie, aber just in dem Moment kamen sie mir nicht so vor wie etwas, das erklärt oder gemessen werden müsste. Sie waren wild und unfassbar, und ihre Schönheit rührte auch daher, dass wir wussten, sie würden nicht von Dauer sein.

·········✕

Text von Kate Armstrong, einer Autorin, Herausgeberin und Lehrerin, die gerne in Zelten lebt. Bilder und Bildtexte von Ben Leshchinsky, einem Bauingenieur und fotografischen Autodidakten, der gerne den Himmel in der Nähe seines Hauses im Pazifischen Nordwesten Amerikas einfängt.

Wenn man sich ein Video von Polarlichtern anschaut, sieht man nicht die Naturerscheinung in Echtzeit. Die Videos sind in Wirklichkeit Zeitraffer-Videos mit vielen langzeitbelichteten Fotos als Einzelbildern. Um das Phänomen einzufangen, muss man ein Stativ benutzen und den Kameraverschluss mindestens ein paar Sekunden offenhalten, um das Licht zu sammeln, das oft schwächer ist als erwartet.

Um Polarlichter einzufangen, braucht man ein Stativ, eine Spiegelreflexkamera und das größtmögliche Weitwinkelobjektiv. Man fokussiert manuell auf unendlich; sodass weit entfernte Objekte scharf erscheinen. Auf jeden Fall die größtmögliche Blendenöffnung verwenden (je kleiner die Blendenzahl, desto besser). Die Lichtempfindlichkeit der Kamera (ISO) auf einen Wert zwischen 800 und 3200 stellen und den Verschluss auf eine Geschwindigkeit zwischen 10 und 30 Sekunden. Man richtet das Objektiv auf die Polarlichter, benutzt den Selbstauslöser der Kamera, betätigt den Verschluss und wartet. Selbst das trübsten Polarlichter bekommen so kräftige Farben.

Die Tradition von Stein und Dampf

Des kapitalistischen Drucks und der unablässigen Hektik Londons überdrüssig, verließen die Künstler Holly Gable und Angus Fulton die Stadt für ein Leben *on the road*. Sie leben nicht in Abgeschiedenheit, sondern begegnen über Austauschprogramme für Künstler unterschiedlichen Kulturen, Gemeinschaften und Lebensweisen. Nachdem sie ein paar Jahre unterwegs gewesen waren, fanden Holly und Angus sich in Finnland wieder, wo sie mithalfen, ein Haus winterfertig zu machen. Sie verbrachten viel Zeit in der Sauna, und stellten dabei fest, dass keine Verbindung stärker ist als eine, die in dieser Welt aus Hitze und Schweiß geschmiedet wird.

Es gibt ein finnisches Sprichwort: Alle Menschen sind gleich, aber nirgendwo mehr als in der Sauna.

Wir sind nackt und klettern auf eine Bank. In dem kleinen, dunklen Raum können wir nur vage die Schemen der anderen Saunabesucher ausmachen. Der Geruch von heißem Holz versengt uns beinahe die Nasenlöcher. Langsam lassen wir uns von der Hitze umfangen, die Haut an das stabile, warme Holz gepresst; es erdet uns, hält uns fest. Wir zerfließen.

Das Feuer prasselt. Oben auf dem Holzofen liegt ein Haufen Steine. Jemand taucht eine Schöpfkelle in einen Eimer Wasser und übergießt die Steine. Das Wasser verdunstet mit lautem Zischen. Es kündigt eine Welle aus heißem Dampf an, der uns vom Kopf bis zu den Füßen einhüllt. Wir zerfließen noch etwas mehr.

Eine Sauna ist ein Ort der Besänftigung, des ruhigen Nachdenkens und leise gesprochener Worte. Ein geheiligter Raum. Das Übergießen der Steine mit Wasser, um den Dampf zu erzeugen, heißt *löyly* (löülü ausgesprochen), im Deutschen spricht man von Aufguss. Löyly, ein uraltes Wort, das »Lebensgeist« bedeutet, ist eine Feier der Elemente: des Feuers im Saunaofen, der Erde in den Steinen, des auf sie geschütteten und in Luft verwandelten Wassers.

Nachdem wir lange Tage damit zugebracht hatten, das alte Holzhaus von Micke und Jouni in Südfinnland instand zu setzen, war die Zeit in der Sauna eine Belohnung für Körper und Geist.

Aus der Hitze heraus rannten wir den Steg hinunter und sprangen in den See. In diesem Moment vor dem Eintauchen bleibt die Zeit stehen, man kann gerade noch Luft holen. Heiße Haut berührt die kalte Wasseroberfläche – ein Stromstoß, der den ganzen Körper durchfährt. Als wir auftauchen, Augen und Ohren auf Höhe der Wasseroberfläche, fängt es heftig an zu regnen. Wir können nichts sehen, hören, fühlen, schmecken, riechen als den kräftigen Schauer herabfallender Regentropfen, wie sie die Oberfläche des Sees treffen und Spritzer hoch über unsere Köpfe jagen. Allumfassend, belebend und übermütig. Der Regen hört auf, und wir lassen uns im Wasser treiben, nackt, in der dunstigen Stille.

"

Langsam lassen wir uns von der Hitze umfangen, die Haut an das stabile, warme Holz gepresst; es erdet uns, hält uns fest. Wir zerfließen.

> Eine euphorische Stimmung erfasste uns – teils wegen des durch den Wechsel zwischen Saunieren und Schwimmen ausgelösten Endorphinrauschs, größtenteils jedoch, weil wir etwas entdeckt hatten ...

> Eine Sauna ist ein Ort der Besänftigung, des ruhigen Nachdenkens und leise gesprochener Worte. Ein heiliger Raum.

Während unserer Zeit in Finnland verliebten wir uns in die finnische Saunakultur. Für die Finnen ist die Sauna wie ein Mutterschoß. Wenn sie sich ansiedeln oder wenn sie umziehen, ist das erste, was sie bauen, eine Sauna.

Mit ihrem dämmrigen Licht und der meditativen Atmosphäre ist sie ein hierarchiefreier Ort, an dem man weder über Titel noch über Religion diskutieren sollte. Sie ist aber auch ein praktischer Ort, wo Wasser zum Waschen erhitzt wird, wo Roggen gedörrt, Fleisch geräuchert und Malz zubereitet wird. Ein Raum zur körperlichen und mentalen Reinigung, zur Lockerung verkrampfter Muskeln und Gemüter. Ein Ort, um in ruhiger Feier unserer mit der Natur verflochtenen Existenz zusammenzusitzen.

Als weitere Abenteuer in Estland lockten und für uns die Zeit kam, unserer finnischen Familie Lebewohl zu sagen, machten wir einen Abstecher nach Helsinki, in eine Rauchsauna. Während wir uns, bis zu den Wangen im eisigen Septemberwasser, im See von der Hitze abkühlten, blinzelten wir in die Sonne, die zwischen den orangenen und gelben Blättern herbstlicher Espen und Birken unterging.

Eine euphorische Stimmung erfasste uns – teils wegen des durch den Wechsel zwischen Saunieren und Schwimmen ausgelösten Endorphinrauschs, größtenteils jedoch, weil wir entdeckt hatten, dass das tiefe Glück, das sich beim Helfen und Teilen einstellt, und Liebe, Freundschaft und Freundlichkeit überall zu finden sind.

·········×

Interview

Im Tausch um die Welt

**Bevor er *Pixel Trade* gründete, arbeitete Shantanu Starick in Australien als Fotograf und
studierte Architektur. Nun wollte er herausfinden, wie lange und wie weit er um die Welt reisen könnte,
ohne Geld auszugeben, wenn er seine Fähigkeiten als Fotograf gegen Tisch und Bett eintauschte.
Nachdem das Experiment vier Monate gelaufen war, fand Shantanu sich in New York City wieder.
Und dort wurde ihm klar, dass sein Selbstversuch tatsächlich funktionieren könnte.**

**Inzwischen hat er jeden Kontinent bereist, wo Fremde ihn in ihren Häusern, ihrem Leben
und ihren Gemeinschaften willkommen geheißen haben.**

Was ist Pixel Trade?
Das Pixel-Trade-Projekt war Experiment und Feldforschung,
um zu sehen, ob es möglich ist, auf alle sieben Kontinente zu
reisen, ohne dabei einen Cent von meinem eigenen Geld für
irgendetwas auszugeben.

**Was hat dich auf diese Idee gebracht und wie lange
hast du es geschafft, ohne Bargeld zu reisen?**
Den Anstoß gab eine Reihe von Umständen in meinem
Leben, aber im Grunde lief es auf den Wunsch hinaus, einige
grundlegende Vorstellungen infrage zu stellen. So zum Beispiel die Hindernisse, die wir selbst errichten und die uns
glauben machen, dass etwas unerreichbar sei. Geld war ein
großes Hindernis. Was Geld so alles vermag, ist fantastisch,
aber die Abhängigkeiten und der Stress, den es erzeugen kann,
sind das kein bisschen.

Nach 1238 Tagen hatte ich es geschafft, alle sieben Kontinente
zu erreichen, ohne einen einzigen Cent ausgegeben zu haben.

Was hattest du in deinem Rucksack?
Reisen ohne oder mit sehr wenig Geld wird mit Rucksack-
touren, Hostels und Couchsurfen assoziiert, aber Pixel Trade
war nicht so. Ich bin gut gereist, komfortabel abgestiegen
und habe die meiste Zeit gespeist wie ein König. Ich kam
mir ungeheuer privilegiert vor, weil ich die Welt so lange
Zeit sehen konnte, ohne das Gefühl haben zu müssen, mit
jedem Cent rechnen und auf meine Ersparnisse achtgeben
zu müssen. Ich bin nicht mit leichtem Gepäck gereist, denn
ich musste ja für jedes Klima gerüstet sein. Also enthielt mein
Gepäck hauptsächlich Ausrüstungsgegenstände und vielseitig
Verwendbares.

**Wann wurde dir klar: Die Sache läuft wirklich gut, ich
werde einfach so weitermachen?**
Zum ersten Mal spürte ich es in New York City, etwa im
vierten Monat des Projekts. An diesem Ort fühlt man sich
wie ein Rockstar, wenn man auf einer Wellenlänge mit der
Stadt ist, und wie ein totaler Versager, wenn nicht. NYC war
genau auf meiner Linie, und die Stadt machte mir bewusst,
wie unwirklich das Leben, das ich führte, in Wahrheit war.

**Wie hast du Angebote für Tauschgeschäfte bekommen,
als du mit dem Projekt anfingst? Und stieg die Zahl
dieser Angebote im Laufe deines Projekts?**
Das einzige, was ich tun musste, war, mit einem Tausch-
geschäft anzufangen. Zu den »Regeln« gehörte, dass die
Person, mit der ich einen Tausch vereinbarte, den nächsten
Tausch für mich organisieren musste, falls ich noch nichts
ausgemacht hatte, und bis dahin müsste diese Person sich um
mich kümmern. Die Sache sprach sich mit der Zeit rum,
was bedeutete: mehr E-Mails und mehr Organisationsauf-
wand. Es war toll, ja, weil ich wählerisch sein konnte, aber
es wurde auch belastender. Zum Ende des letzten Jahres des
Projekts war ich vier bis sechs Monate im Voraus ausgebucht.

**Wie hat dieses lange Herumziehen dein Verhältnis zu
Orten und zur Natur verändert?**
Drastisch. Politische Grenzen verwischten sich allmählich.
Neue Orte, die ich noch nie gesehen hatte, fingen an,
mir auf bizarre Weise vertraut vorzukommen, was nicht
so gut war, weil ich aufhörte, meine Umgebung wirklich
zu beachten. Ich musste mich konzentrieren und mich
selbst daran erinnern, wie einzigartig diese Orte waren.

"

Im Grunde lief es
auf den Wunsch
hinaus, Vorstellungen
infrage zu stellen.

Dabei wurde die Natur für mich zu einem wichtigen Rückzugsort. Wenn ich zu lange von ihr getrennt war, ließ meine Energie allmählich nach. Für Leute in Städten war es automatisch leichter, mit mir einen Tausch zu vereinbaren, und daher kamen die meisten meiner Tauschgeschäfte in der Nähe großer Ballungsräume zustande. Eine Großstadt ist in einer Weise wild, die einen auslaugen kann, daher wurde die Natur für mich zu einer Art Rettungsfloß.

Veränderte das Leben ohne Geld die Art und Weise deiner Verbindung zu dem jeweiligen Ort?
Ich habe mir nie Touristenattraktionen, Einkaufszentren, Kneipen oder Restaurants angesehen … alles, was Geld erforderte, hat mich nicht weiter interessiert. Ich hatte Glück, da meine Tauschpartner tolle Gastgeber sein wollten, und sie kannten die Gegend, in der sie lebten, besser als jemand, der nur durchreist. Sie wollten mich ausführen, sodass ich wirklich die Möglichkeit hatte, Dinge aus lokaler Perspektive zu erleben. Und das ist genau, was reisen für mich ausmacht: mitzuerleben, welche Erfahrungen ein Einheimischer macht.

Hatten die Leute, mit denen du Tausch-geschäfte gemacht hast, eine ähnliche Einstellung zum Leben und zu Geld?
Hin und wieder, aber es ging mehr um Menschen, die ganz anders dachten. Ich habe mit reichen und mit armen Leuten Tauschgeschäfte gemacht. Sie unterscheiden sich nicht so großartig voneinander. Wir vergessen das manchmal.

An welchem Projekt arbeitest du gerade?
An den *Honorarium Volumes*. Das ist eine Idee, die von meinem letzten Tauschhandel stammt, der mich in die Antarktis führte. Die Bände sind eine fortlaufende Sammlung fotografischer Kunstwerke in limitierter Auflage, deren Schwerpunkt auf kleinen Interaktionen in der ganzen Welt liegt. Jeder Band konzentriert sich auf ein bestimmtes Land und wird von einer Leserschaft finanziert, die einen Packen Abzüge oder ein Buch subskribiert.

·········×

> **"**
> Eine Großstadt ist in einer Weise wild, die einen auslaugen kann, daher wurde die Natur für mich zu einer Art Rettungsfloß.

Shantanu Starick ist um die Welt gereist und hat dabei Landschaften wie diese in Australien erlebt, ohne einen Cent auszugeben. Stattdessen machte er Fotos für Leute, die ihm im Austausch Tisch und Bett zur Verfügung stellten. Er sah alle sieben Kontinente und stellte fest, dass Geld nicht das Hindernis ist, für das wir es oft halten.

Ein Haus im Gleichgewicht mit der Natur

Michael Leung war ein Architekt, der in London ein temporeiches Leben führte und an bedeutenden Projekten für noch bedeutendere Kunden arbeitete. Auf der Suche nach einer geruhsameren Lebensweise zog er mit seiner Familie nach Byron Bay an der Ostküste Australiens. Aber was er in dem hügeligen Hinterland von diesem Teil des tropischen New South Wales fand, war mehr als nur Gelassenheit und Ruhe; er erlebte hier seine persönliche Wohnrevolution – in Form von Hanf.

Für den Bau seines neuen Heims, *Sky Farm*, wählte Michael Hanf, den er mit Sand und Kalk mischte, um daraus Wände zu formen, die Kohlendioxid aufsaugen und Sauerstoff wieder in die Luft freisetzen. Das Verwenden von Hanf ermöglichte ihm, ein Bauwerk zu erschaffen, das zugleich gut für die Umwelt und für seine Familie war – ein Haus, das so viel zurückgab, wie es nahm.

Der Bau inspirierte ihn zu dem Versuch, eine Veränderung in der Art und Weise unseres Bauens anzustoßen. Seine Firma Balanced Earth verwendet natürliche und recycelte Materialien, um mit einer durchdachten Konstruktion Behausungen zu bauen, die tatsächlich gut für die Welt sind.

Nachdem ich 25 Jahre als Architekt in England gearbeitet hatte, zog ich auf der Suche nach mehr Ausgeglichenheit mit meiner Familie nach Byron Bay. Meine Frau war von einer Reise nach Peru zurückgekommen und hatte die Idee, dass wir sofort nach Australien ziehen müssten. In den Hügeln hinter der Stadt baute ich unser Haus aus Hanf. Wir behielten den Namen Sky Farm bei, den die vorherigen Besitzer dem Land mit Blick auf das wundervolle Schauspiel des Himmels und die Felder von Mullumbimby gegeben hatten.

Zu wissen, dass es im Heim unserer Familie keine wie auch immer gearteten toxischen Materialien gibt, vermittelt uns ein wunderbares Gefühl von Sicherheit und Wohlbefinden. Obwohl der Hanfanbau normalerweise einen enormen CO_2-Abdruck hinterlässt, ist unser Haus CO_2-negativ. Es hält uns im Winter warm, während uns im Sommer der Durchzug kühlt. Unsere Fenster retteten wir aus einem Hausabriss, und die Holzdielen sind B-Ware. Wir sammeln Regenwasser zum Trinken und haben ein Trockenklo.

Meine Familie und ich haben von unserem Haus einen freien Blick auf das Umland, der dafür sorgt, dass wir den Bezug zu den Zyklen der Natur nicht verlieren. Wir sehen jeden Sonnenaufgang und jeden Sonnenuntergang, und wir erleben die Winde, die regnerische Jahreszeit und die Hitzewellen. Wir fühlen uns im Gleichgewicht mit der Umwelt, da wir mit Materialien gebaut haben, die uns Mutter Natur und die Erde selbst zur Verfügung gestellt haben.

Ich habe das Haus in drei Monaten zusammen mit Luke Wrencher und Ture Schmidt gebaut, die rasch meine Freunde wurden. Gemeinsam haben wir *Balanced Earth* gegründet, eine Planungs- und Baufirma, der es ein Anliegen ist, zum Nutzen gesunder Menschen und einer gesunden Natur zu handeln.

Unser Traum ist es, Hanf vom Feld in die Wohnung zu bringen; wir wollen den Hanf auf dem Land anbauen, auf dem das Haus stehen wird, und makellos, nachhaltig und bodenständig werden.

·········×

„

Zu wissen, dass es in unserem Heim keine wie auch immer gearteten toxischen Materialien gibt, vermittelt uns ein wunderbares Gefühl von Sicherheit und Wohlbefinden.

Interview

Wilde Kreationen

Die Köchin und Abenteurerin Sarah Glover wuchs an einem der wildesten Orte Australiens auf,
wo sie auf den stürmischen Wellen Tasmaniens surfte und im Vorbeigehen Beeren von den Büschen naschte.
Frische lokale Produkte waren immer auf ihrem Tisch und blühten in ihrem Garten hinter dem Haus.
Es war die Suche nach neuen Abenteuern, die sie aufs Festland zog. Dort lernte sie Leute kennen, die sie dazu
inspirierten, aus ihrer Liebe zum Surfen, Reisen und Kochen einen Job zu machen. Im Jahr 2009 eröffnete sie
im australischen Bondi Beach ihren eigenen Süßwarenladen. Ihre Tage verbringt sie in der Brandung,
um sich direkt darauf dem Kochen für andere zu widmen.

Je mehr Leute sie kennenlernte, desto häufiger stellte sie fest, dass die meisten von ihnen nicht so wild
aufgewachsen waren wie sie selbst. Sie hatten niemals gelernt, wie viel Freude es bereitet, mit Familie und
Freunden im Freien zu kochen. Also schrieb sie das *Wild Adventure Cookbook*, der Kunst und den Freuden des
Kochens im Freien gewidmet und dem Guten, was daraus erwächst, wenn man mit guten Freunden und
heimischen Zutaten an einem Lagerfeuer zusammenkommt und sich von der Natur inspirieren lässt.

**Du bist in Tasmanien aufgewachsen – wie war
deine Kindheit dort, und wie hat sie deine Liebe
zum Essen und zur freien Natur beeinflusst?**
Ich habe nie groß darüber nachgedacht, dass ich jederzeit frische Himbeeren naschen konnte oder goldene,
sonnengereifte Aprikosen, die bei jedem Biss trieften. Mein
Garten hinter dem Haus war voller frischer Köstlichkeiten
und die wilde, freie Natur begann direkt vor meiner Haustür. An den Wochenenden ging man raus in die Natur;
man surfte an rauen Stränden und entzündete Feuer, um
sich zu wärmen.

Erst als ich aufs Festland zog, wurde mir langsam bewusst,
dass diese Dinge, die für mich so selbstverständlich waren,
für die meisten Menschen eher die Ausnahme darstellten.

Wie inspiriert dich das Surfen?
Surfen ist meine Art, den Kopf frei zu kriegen. Beim Surfen
kann ich einfach lachen und Spaß haben. Die Freunde, die
ich durch den Ozean kennengelernt habe, sind lebenslange
Gefährten geworden, die mich dazu inspirieren, authentisch
zu sein.

**Was bewog dich, die Koffer zu packen und
die Küste Australiens hinaufzureisen und dann
weiter nach Amerika?**
Ich bin ein Mensch, der den Kick sucht – ich kann nicht
anders. Ich mag es einfach, etwas zu erschaffen und unterwegs zu sein – es regt meine Kreativität an. Ich kehre heim,
um zu schlafen und mich auszuruhen, aber dann ziehe ich
wieder los.

**Du hast im Lauf der Jahre viele verschiedene
Berufe ausgeübt, sowohl solche, die mit Essen zu
tun hatten, als auch andere. Was zieht dich immer
wieder zum Essen?**
Ich unterhalte mich gern und mag es, mir die Geschichten anderer Menschen anzuhören. Essen ist etwas, das
Menschen ernährt und sie zusammenbringt. Es ist eine
Lebensnotwendigkeit, und ich möchte es auf eine Art dar-
bieten, die Menschen anregt zusammenzukommen. Das
Lagerfeuer bietet dafür ein perfektes Umfeld – die Leute
ziehen ihre Schuhe aus und entspannen sich einfach. Rund
ums Feuer findet man niemanden, der sein Handy checkt!

„
Mein Garten hinter dem Haus war voller frischer Köstlichkeiten und die wilde, freie Natur begann direkt vor meiner Haustür.

Du sprichst vom »ursprünglichen, unverfälschten Kochen« – lässt dich nicht von Rezepten, sondern von den Zutaten inspirieren. Was liebst du an dieser Art zu kochen?
Ich liebe die Herausforderung und unterhalte mich gerne mit den Anbietern über ihre Produkte und darüber, was sie zufrieden macht. Ich komme aus einer Familie von Farmern und Fischern, und die Geschichten und Märchen, die sie erzählen, sorgen dafür, dass das Essen besser schmeckt. Klingt merkwürdig, stimmt aber.

In deinem Kochbuch geht es um wildes Kochen – um die Idee, im Freien und unterwegs zu kochen. Was hat dich angeregt? Was, hoffst du, werden die Leser mitnehmen?
Ich bin im Busch aufgewachsen, bin auf Bäume geklettert und habe Sachen aus dem Garten gegessen, daher denke ich, hat es so sein sollen, dass mein erstes Buch dieser Lebensweise huldigt. Es hat so viel Spaß gemacht, einfach alles nach draußen zu verlagern und etwas aus dem Augenblick heraus zu kreieren. Ich glaube, das Leben ist zu steril geworden. Wir haben vergessen, wie es ist, sich die Hände dreckig zu machen und auf die Regeln zu pfeifen.

Was bedeutet die Natur für dich und deine Arbeit?
Ohne sie könnten wir nicht atmen; wir brauchen diese Erde, um zu überleben, und wir müssen sie respektieren! Ohne die Natur würde ich nicht tun, was ich tue, daher ist sie alles.
·········×

> "
> Ich glaube, das Leben ist zu steril geworden. Wir haben vergessen, wie es ist, sich die Hände dreckig zu machen und auf die Regeln zu pfeifen.

Muscheln mit Salzwasser und Kartoffeln

Es ist wundervoll, dieses Gericht am Meer mit frisch geernteten Muscheln zuzubereiten, die man direkt von den Felsen gepflückt hat. Wir aßen dieses Gericht an einem Strand an der Ostküste Tasmaniens, in einer kleinen Bucht, die wir durch Zufall entdeckt hatten. Sie war vor der Meeresbrise geschützt, der perfekte Ort, um ein Lagerfeuer anzuzünden. Ich fachte das Feuer auf mittlere Hitze an, während ich die Muscheln vorbereitete. Sobald ich fertig war, vergrub ich den Topf in der Glut. Die Luft füllte sich mit einem rauchigen Duft, der meine Freunde vom Strand herlockte. Sie hockten sich um das Feuer und wir verzehrten ein gemeinsames Mahl mit dem Meer an unserer Seite.

Denkt daran, Muscheln auszusuchen, deren Schalen fest geschlossen sind und die feucht und glänzend sind. Das Gericht ist ganz einfach; ich verspreche euch, dass jeder es zubereiten kann.

Für drei Personen

1 Zwiebel, fein gehackt

2 Tomaten, gewürfelt

2 rotschalige Kartoffeln,
*   ungeschält in 1 cm große Würfel geschnitten*

2 Tassen Weißwein

1 Tasse Meerwasser

1 kg Muscheln, gesäubert und entbartet

2 frische junge Knoblauchzehen, gehackt (zum Garnieren)

eine kleine Handvoll Glatte Petersilie, Blätter gehackt und
*   gewaschen (zum Garnieren)*

Ein Lagerfeuer anzünden und bis auf mittlere Hitze herunterbrennen lassen.

Die Zwiebel und die Tomaten zusammen in eine Blechbüchse oder einem großen Topf geben und in die Glut stellen. Etwa eine Minute kochen, dann die Kartoffeln, den Weißwein und eine Tasse Meerwasser dazugeben.

20 Minuten kochen oder bis die Kartoffeln weich sind.

Die Muscheln dazugeben, dann zudecken und kochen, bis sie sich öffnen; alle wegwerfen, die sich nicht öffnen (sie sind nicht zum Verzehr geeignet).

Mit Knoblauch und Petersilie überstreut servieren. Am Strand essen und die salzige Luft und die salzigen Muscheln genießen.

Lagerfeuer-Marshmallows

Es hat etwas Beruhigendes, etwas Herzerwärmendes, Marshmallows auf Stöcke zu spießen und über einem prasselnden Feuer zu rösten, bis sie von allen Seiten weich und die Außenhülle leicht karamellisiert ist. Warum nicht die Marshmallows einmal selbst zubereiten?

1 Tasse Wasser

3 Päckchen Gelatine

2 Tassen weißer Zucker

½ Tasse Maissirup

1 EL Vanille-Extrakt

1 EL Pfefferminz-Extrakt

(wahlweise) Schokolade für eine dunkle, klebrige Füllung

Puderzucker zum Bestäuben

Eine rechteckige Backform ausbuttern und mit Frischhaltefolie auslegen. Die Hälfte der Tasse Wasser in eine mittelgroße Schüssel gießen. Die Gelatine einrühren und die Mischung beiseitestellen.

Den Zucker, den Maissirup und die restliche ½ Tasse Wasser in einen mittelgroßen Kochtopf geben. Zum Kochen bringen (die Masse soll brodeln). Eine weitere Minute kochen lassen, dann vom Feuer nehmen. Vanille und Pfefferminz-Extrakt zugeben.

Die Gelatine-Mischung bei langsamer Geschwindigkeit mit dem Handrührgerät schlagen, dabei nach und nach den Zuckersirup hinzufügen.

Sobald der gesamte Zuckersirup dazugegeben ist, die Masse 10–12 Minuten bei höchster Geschwindigkeit schaumig schlagen, bis sie sich fast verdreifacht hat. Die Ränder abkratzen, um ein Überlaufen zu verhindern.

Die Mischung unverzüglich in die vorbereitete Backform geben, bevor sie fest wird. Je nach Geschmack erst die Hälfte der Masse in die Form geben, dann geschmolzene Schokolade darüber verteilen, dabei die Ränder weiß lassen, anschließend mit der restlichen Masse bedecken, um eine klebrige Schokofüllung zu bekommen. Sobald alles eingefüllt ist, die Form mit weiterer Frischhaltefolie abdecken und beiseitestellen, damit die Masse fest wird.

Sobald sie fest ist, ein Küchenbrett mit Puderzucker bestreuen, die festgewordene Masse aus der Form stürzen und in Stücke schneiden.

Der Wechsel der Gezeiten

Eingezwängt in die Nordwestecke des US-Bundesstaates Washington, kommt der Name »Wilde Küste« (Wilderness Coast) nicht von ungefähr. Es ist eine urwüchsige und abgeschiedene Gegend, eine Gegend, die zeitlos wirkt, auch wenn die Gezeiten sie ständig ummodeln. Kate Armstrong und Paul Gablonski hatten vor, über den Strand zu wandern und eine Nacht dort draußen zu verbringen. Sie rechneten nicht damit, dass ihre Pläne ebenfalls von den Gezeiten umgemodelt würden; dass sie einen Wanderweg finden würden, der sie auf die Probe stellte, sie einschüchterte und ihnen dennoch zeigte, wie lohnenswert es ist, den ausgetretenen Pfad zu verlassen.

Der Wanderweg, dem Paul und ich folgten, war überhaupt kein Wanderweg. Er bestand nur aus windgepeitschtem Sand und schlüpfrigen Felsen, die sich über Kilometer zerklüfteter Küstenlinie hinzogen. Vereinzelte hölzerne Schilder waren die einzigen Wegmarkierungen.

Der Ranger, der uns unsere Wandergenehmigungen verkauft hatte, warnte uns, dass es nur kleine Zeitfenster gebe, in dem der Wasserspiegel des Ozeans weit genug gesunken ist, um eine sichere Wanderung zu ermöglichen. Wählten wir den falschen Zeitpunkt, könnten wir plötzlich nicht mehr weiterkommen oder uns verletzen. Doch unsere logische Überlegung lautete: Ach, das ist doch nur ein Strand, flacher Sand und ein frei begehbarer Weg …

Diese Küste ist, abgesehen von Alaska, der längste unbebaute Küstenabschnitt der Vereinigten Staaten: 117 Kilometer, die größtenteils nur zu Fuß betreten werden können. Wir hatten vor, etwa 48 Kilometer davon abzuwandern, vom Shi Shi Beach zum Cape Alava, wo wir die Nacht verbringen wollten, bevor wir uns auf den Rückweg machten.

Der erste Strandabschnitt war flach und angenehm, voller fröhlicher Schwimmer und Leute, die ihre Hunde Gassi führten. Unmittelbar vor der Küste ragten kleine Felseninseln aus dem Wasser. Wir gaben ihnen Namen, um uns von dem Gewicht auf unseren Rücken abzulenken. Ich hatte vergessen, wie ein schwerer Rucksack einen aus dem Gleichgewicht bringt und einen zwingt, normale Bewegungen neu zu lernen.

Nach diesem ersten sandigen Abschnitt wurde der Strand wilder. Er war übersät mit flachen Tümpeln, sich bewegenden Kieselsteinen und glitschigen Knäueln aus Seetang. Schließlich erreichten wir die Steilwand einer Landspitze. Ich setzte meine Füße auf den bröseligen Felsvorsprung und kletterte hinauf, wobei ich gegen das Gewicht meines Rucksacks ankämpfte und gegen den Wind, der ihn zu packen versuchte. Ich hatte Höhenangst, aber es gab keinen Weg um diesen Felsvorsprung herum. Der Weg führte hinauf, also stiegen wir hinauf.

Als wir oben waren, konnten wir unter uns die ganze Fläche des Ozeans sehen: Wellen mit weißen Schaumkronen krachten wie lebendige Wesen gegen die Klippen. Wir liefen durch ein dichtes, prähistorisch aussehendes Waldgebiet. Den Ozean konnten wir zu diesem Zeitpunkt nicht immer sehen, aber wir konnten hören, wie er rauschte und säuselte wie ein Heißluftballon, der gerade gefüllt wird.

Wir stiegen mithilfe eines Seils wieder zum Strand hinunter, überquerten ihn und erklommen eine weitere Landspitze. Und noch eine und noch eine, bis wir einen winzigen Strand und eine weitere Landspitze erreichten. Dort erwartete uns kein Seil, kein Schild, kein weiterer Wanderweg, den wir hätten beschreiten können. Wir beschlossen, hier auszuruhen, im Glauben, dass es lediglich eine Frage der Zeit sei, bis die Ebbe einsetzte. Ich ließ meinen Rucksack fallen und starrte auf den Ozean, während ich darüber nachgrübelte, wie er kommt und geht, wie lebendiger Atem. Unaufhörlich.

Drei Stunden später fanden wir heraus, was nicht stimmte. Die Ebbe setzte nicht ein – die Flut kam und drohte uns einzuschließen. Eilig schnallten wir unsere Rucksäcke wieder um und liefen auf den Fuß der Landspitze zu.

Wir kletterten gefühlte Stunden von Fels zu Fels, wobei wir uns die Hände an Muscheln und Seetang schnitten, bis wir den nächsten Strand erreichten. Aber dort gab es keinen flachen Sand – nur eine Lawine aus ständig rutschenden Kieselsteinen, die halb so groß waren wie unsere Köpfe. Dann weitere unbesteigbare Landspitzen, noch mehr Felsbrocken, noch mehr Flut.

> Ich hatte Höhenangst, aber es gab keinen Weg um diesen Felsvorsprung herum. Der Weg führte *hinauf*, also stiegen wir hinauf.

Der Ozean stieg, stieg mit jeder Welle. Wie hoch würde sie steigen? Würde sie uns verschlingen? Es war eine nervenaufreibende Plackerei, bei der wir uns die Beine aufschlugen und die Haut aufrissen. Ich wollte nicht mehr weiter, mich nicht mehr rühren. Aber wie dem Ozean blieb auch mir nichts anderes übrig.

Als wir endlich einen flachen Strandabschnitt erreichten, sandig und zum Glück eben, war es schon weit nach acht Uhr abends. Wir sahen sonst niemanden und keinen Zeltplatz. Also warfen wir an einer verlassenen Feuerstelle unsere Rucksäcke ab und errichteten unser winziges Zelt. Auf diesem von Gesteinsbrocken übersäten Strand gab es nur uns und die Robben.

„
Ich ließ meinen Rucksack fallen und starrte auf den Ozean, während ich darüber nachgrübelte, wie unaufhörlich er kommt und geht.

> "
> Jede Minute
> malte den Himmel
> in immer neuen
> Farben, die sich auf
> rosaroten, violetten
> und roten Schwingen
> ausdehnten.

Während wir dort saßen, erschöpft und stumm, beobachteten wir den schönsten Sonnenuntergang, den ich je gesehen habe. Er färbte alles: den Sand, die Felsen, unsere Haut, und die Robben, die einander im seichten Wasser anbellten. Jede Minute malte den Himmel in immer neuen Farben, die sich auf rosaroten, violetten und roten Schwingen ausdehnten. Es spielte keine Rolle mehr, dass unsere Nerven den ganzen Tag strapaziert worden waren. Wir schliefen ein, und der felsige Untergrund störte uns nicht im Geringsten.

Weil wir unsere Lektion über die Beachtung der Gezeitentafel gelernt hatten, brachen wir am nächsten Morgen vor sieben auf. Die Ebbe schuf neue, verlässlichere Wege, denen wir folgen konnten. Unsere Fußabdrücke waren die einzigen im Sand. Es fühlte sich an, als wären wir die beiden einzigen Menschen, die jemals hier gewesen waren – in einer Welt, die so still war, dass wir das leise Seufzen des Sandes im Sog der Ebbe hören konnten, den heftigen Flügelschlag eines Adlers und die Geräusche winziger Insekten, die durch die dicken Haufen von Seetang hüpften.

Auch dies macht die Schönheit einer Wanderung mit Übernachtung aus: Unsere Welt wird so klein, dass überhaupt nichts mehr ist zwischen uns und der Welt um uns herum. Wir wissen, was wir zum Abendbrot essen, weil wir es in unserem Rucksack dabeihaben. Wir wissen, wohin wir gehen, weil der Weg auf unserer Karte markiert ist. Es existiert nichts außer dem Brennen unserer Muskeln, dem Gewicht auf unserem Rücken und der Schönheit der Welt. Ausgenommen unser Verstand, der von allen Alltagssorgen befreit ist, sodass die Gedanken ungehindert schweifen können – zur Bewegung der Ozeane, dem Alter der Felsen und der schräg einfallenden Sonne.

Als wir zu unserem Auto zurückkamen, waren wir müde und verdreckt. Es war die härteste Wanderung gewesen, die ich je unternommen hatte und noch nie hatte ich mich so verloren gefühlt. Aber ich konnte nicht aufhören zu lächeln. Das ist das Magische, wenn man hinaus in die Wildnis wandert und seine ganze Welt auf dem Rücken dabeihat.

.........✕

Interview

Von Anbau, Tausch und Nachhaltigkeit

**Es war die Aussicht, ein echtes Leben – ein erfülltes Leben – zu leben,
die Lentil und Matt Purbrick verlockte, ihre Jobs in der Stadt aufzugeben und aufs australische Land zu ziehen.
Sie sehnten sich nach etwas anderem, und suchten eine Möglichkeit, näher mit Nahrungsmitteln, Menschen,
Zeit und der Natur verbunden zu sein. Sie renovierten ein baufälliges altes Haus mit Blick auf ein Wasserloch
und pflanzten einen Garten, der wuchs und wuchs und wuchs. Durch ihre Produkte und ihre Tausch- und
Blogging-Aktivitäten ließen sie andere an der von ihnen geschaffenen Welt teilhaben.**

**Ihr wohnt in einem Haus auf dem Gebiet
eines größeren Anwesens. Wie ist das Haus, und
in welchem Zustand war es, als ihr es fandet?**
Unser Farmhaus wurde ursprünglich 1940 erbaut. Es ist ein
hübsches kleines Schindelhaus mit Blick auf ein Billabong
(ein kleines, stilles Wasserloch). Das Haus ist voller weißer
Wände und Holz, vollgestopft mit Kunst von Menschen,
die wir lieben, und jeder Menge Töpferkram, Büchern und
Wäsche. Es ist umgeben von einem Hektar gerodetem Land,
wo wir all unsere Produkte anbauen und unsere Tiere halten, und knapp über einem Hektar ursprünglichem Busch.

Als wir herkamen, mussten wir durchs Fenster einstei-
gen, weil es keinen Schlüssel für die Tür gab. Es war so
verfallen, dass die Steckdosen von den rissigen Wänden
kamen, überall waren alte Linoleum-Böden, und das her-
untergekommene Badezimmer sah aus, als gehörte es zu
einem Motel aus den Sechzigern. Draußen standen jede
Menge halb fertige Schuppen und Verschläge, die die
Leute im Laufe der Jahre gebaut hatten, und haufenweise
Gerümpel lag herum. Aber es hatte das gewisse Etwas, also
räumten wir auf und machten es zu unserem Heim.

Habt ihr es selbst in Ordnung gebracht?
Wir haben das Haus selbst renoviert, im Eiltempo, im Laufe
eines Winters. Wir wollten die Farm vor dem Sommer
bepflanzt haben, also haben wir die Sache durchgezogen.
Wir haben alles rausgerissen, bis nur noch eine schlichte
Hülle übrig war. Wir entfernten ein paar Wände, strichen es
weiß, stellten Holzbärke hinein und bauten eine Veranda.
Wir beseitigten die ganzen Schuppen, die uns die Sicht auf
den Billabong versperrten, und nutzten die Materialien zu
anderen Zwecken. Dann legten wir unseren Garten an und

siedelten unsere Tiere dort an. Wir gestalteten das Haus
als einen offenen, funktionalen Raum, und wir öffneten es
wirklich nach außen, sodass es sehr viel stärker mit dem
Land verbunden war, auf dem es stand.

**Seid ihr mit dem Ziel in das Haus gezogen,
autark zu werden, oder habt ihr euch das irgendwie nebenbei ausgedacht?**
Ich würde nicht sagen, dass wir wirklich autark sind.
Unserer Ansicht nach ist vollständige Selbstversorgung
eigentlich nicht erreichbar oder realistisch. Auf jeden Fall
glauben wir daran, dass man sein Möglichstes tun und
seinen Wohlstand mit dem »Dorf« teilen beziehungs-
weise den eigenen Überschuss gegen andere Dinge eintauschen sollte, damit jeder das hat, was er braucht.

"

Das Hauptziel
ist immer, mit der
Natur zu arbeiten,
nicht gegen sie.

> Wir erleben, dass unser Leben von der Natur bestimmt wird, dass es sich mit der Natur ändert – und nicht umgekehrt.

Aber ja, bis zu einem gewissen Grad haben wir es uns sicher nebenbei ausgedacht. Ich denke, das geht nur so – man weiß immer nur, was man gerade weiß. Wenn man dann dazulernt, wird man aufgeschlossener für neue Ideen, die eigene Sichtweise ändert sich, und man entwickelt eine Leidenschaft für andere Dinge. Wir haben mit allem experimentiert, was wir selber machen konnten, und dabei viel gelernt. Das Wichtigste war und ist für uns aber nach wie vor die Erfahrung selbst – die des Anbauens und Erntens, die der Aufzucht von Tieren, die des Tauschens, und die, alles uns Mögliche getan zu haben. Darum geht's. Für uns ist das einfach ungeheuer bereichernd, es verändert unser Leben.

Wie führt ihr euren Besitz?
Das Hauptziel ist immer, mit der Natur zu arbeiten, nicht gegen sie – uns darauf einzustellen, was sie zum jeweiligen Zeitpunkt tut. Unserer Ansicht nach hat es die moderne Landwirtschaft zu sehr auf Kontrolle abgesehen. Es geht dort weniger darum, mit der Natur zu kooperieren, als vielmehr darum, sie zu beherrschen und sich untertan zu machen. Also sehen wir zu, dass es bei uns ein bisschen wilder und ungezähmter zugeht. Wir versuchen, unseren Tieren zu geben, was sie brauchen, und lassen sie dann nach ihren Instinkten leben, ohne uns ständig einzumischen. Mit unseren Pflanzen halten wir's genauso. Wir versuchen, ihnen einfach die optimalen Bedingungen zu geben, damit sie auf natürliche Weise gedeihen können, und dann lassen wir sie wachsen und ihr Ding machen.

Das bedeutet weniger Arbeit für uns und beschert uns unglaubliche Resultate. Wir machen mehr oder weniger nichts anderes als ständig unsere Pflanzen und Tiere zu beobachten und dafür zu sorgen, dass sie alles haben, was sie brauchen. Es gibt keine Regeln, man muss einfach nur beobachten und entsprechend reagieren.

Hat die Bewirtschaftung des Landes euren Bezug zur Natur verändert?
Sie hat ihn zu hundert Prozent verändert. Wir erleben, dass unser Leben von der Natur bestimmt wird, dass es sich mit der Natur ändert – und nicht umgekehrt.

So verstehen wir inzwischen die Welt. Ob wir zu Hause sind oder auf Reisen, wir beobachten ständig – schauen, was gerade um uns herum blüht, welche Früchte reifen, was die Insekten tun. Wir verstehen die Jahreszeit, die Saison, das Klima. Und daraus erschließt sich die Bedeutung von allem, und wir leben mit der Natur.

Wie sieht ein normaler Tag auf der Farm aus?
Anders als viele vielleicht denken, lassen wir es morgens langsam angehen. Wir trinken einen Saft, einen Kaffee oder Tee und frühstücken in Ruhe. Dann gehen wir raus und tun, was getan werden muss – das ändert sich ständig, je nach Jahreszeit.

> **"**
> **Wir haben einfach das Gefühl, so viel zu haben. So viel Schönheit, so viel Nahrungsmittel um uns herum. Es ist schwer, das zu verstehen, bis man selbst inmitten der Natur lebt.**

Unsere Computerzeit versuchen wir zu begrenzen und checken nur zweimal pro Woche unsere E-Mails. Aber wir lieben auch Projekte – im tiefsten Innern sind wir Künstler. Also schreiben, zeichnen, malen, töpfern, tanzen und fotografieren wir. Für manches davon werden wir bezahlt, manches tauschen wir ein, anderes machen wir einfach aus Spaß. Außerdem ist das wieder eine Inspiration für die Zeit, die wir draußen verbringen – es fügt sich alles zusammen.

Wie wichtig ist es euch, Dinge zu teilen, die ihr mit euren eigenen Händen geschaffen habt?
Sehr wichtig. Genau da kommt Freude auf; hier fängt für uns das Leben an, Spaß zu machen. Wenn wir etwas nicht selbst anbauen oder erzeugen können, dann ist es uns wichtig, eine direkte Beziehung zu den Leuten zu haben, die es tun, weil wir erlebt haben, wie bereichernd diese Erfahrung ist.

Ich glaube wirklich, wenn jemand uns der Fähigkeit zu kochen, zu tauschen und zu schlemmen beraubte, würde uns das in eine tiefe Depression stürzen. Denn genau um diese gemeinsamen Erfahrungen geht es doch im Leben!

Wie fühlt ihr euch, wenn ihr morgens aus der Tür tretet und das Land seht, auf dem ihr arbeitet?
Friedlich und als ob wir atmen können. Es wirkt, als sei alles im Überfluss vorhanden – wir haben einfach das Gefühl, so viel zu haben. So viel, für das wir dankbar sein müssen, so viel Schönheit, so viel Nahrungsmittel um uns herum. Es ist schwer, das zu verstehen, bis man selbst inmitten der Natur lebt. In der Natur herrscht ein selbstverständlicher Überfluss, während man den Eindruck haben kann, das städtische Umfeld sei grundsätzlich von Mangel und Konkurrenzdenken geprägt.

Euer Weg ist durch euren Blog, Veranstaltungen und euer Buch berühmt geworden, und ihr seid zu Fürsprechern einer nachhaltigeren Lebensweise geworden. Wie prägt dieses dauernde Plädoyer für Nachhaltigkeit euer Handeln?
Es ist wahrscheinlich umgekehrt, alle unsere Entscheidungen haben unser Eintreten für Nachhaltigkeit geprägt. Für wen wir arbeiten, für welche Handlungsweise wir uns in unserem alltäglichen Leben entscheiden, wie wir reisen und die Geschichten, die wir weitergeben – bei alledem haben wir uns immer von nachhaltigen Werten leiten lassen. Es ist unsere Leidenschaft und etwas, für das wir leben.

Wir glauben aufrichtig an das, was wir tun, und wir leben wirklich nach dem, was wir befürworten. Aber wir sind nicht getrieben von unserem Eintreten für Nachhaltigkeit. Uns treibt einfach das Ziel an, ein gutes Leben zu führen. Es ergibt sich einfach so, dass wir, indem wir ein gutes Leben führen, andere anscheinend anspornen, positive Veränderungen in ihrem Leben vorzunehmen. Wir sind sehr glücklich darüber, wie die ganze Sache sich entwickelt hat.

Was macht euch letzten Endes zufrieden?
In sämtlichen kleinen Momenten des Lebens zufrieden zu sein. Dankbarkeit für alles zu empfinden, was wir haben und für all die Erfahrungen, die das Leben ausmachen – morgens einen Kaffee trinken, ein paar Tomaten ernten, frische Luft riechen, Liebe, Menschen, Pflanzen, Essen zubereiten …

Dies ist unsere Maxime: Wenn wir Dinge tun, bei denen wir uns mies fühlen und die uns keinen Spaß machen, dann hören wir auf damit. Für uns geht es um die Freuden der alltäglichen Dinge.

·········×

Lentil und Matt Purbrick zogen von der Stadt aufs Land und verwandelten ein altes heruntergekommenes Anwesen in das Farmhaus ihrer Träume. Dort haben sie gelernt, mit der Natur zu leben, und widmen ihre Tage dem Anbau ihrer eigenen Nahrungsmittel, der Pflege ihre Tiere und der Reduzierung des Lebens auf seine einfachsten Freuden.

Auf der Fährte der Wildbeuter

Wenn man sich auf einen Streifzug in den Wald begibt, um nach Essbarem zu suchen,
geht es nicht darum, die Wildnis zu erobern oder ihr etwas zu nehmen: Für Heather Hillier dreht es sich darum,
in Harmonie mit ihrem Auf und Ab, ihren Jahreszeiten und ihrem Lebenszyklus zu leben.
Heather kultivierte dieses Leben auf einer Selbstversorgerfarm, bevor sie es hinter sich ließ, um auf einem Motorrad nach Argentinien zu reisen (siehe Seite 119). Sie durchstöbert den Wald, um von der Natur
zu lernen und am eigenen Körper zu erfahren, was Nahrungssuche heißt.

Als die frühesten Vertreter unserer Spezies die ersten Schritte aus dem Wald und ins Grasland taten, legten sie einen Trampelpfad für uns an und hinterließen ein Erbe, dem niemand sich entziehen kann: den Entdeckungshunger.

Inzwischen ist dieser Pfad asphaltiert worden, und entweder braust man ihn im Auto entlang, oder man wird abgehängt. Die Wildnis ist ein eigenes Reich, unberührt, nur auf sichere Entfernung von der Straße aus zu besichtigen, und wer sich hineinwagt, sollte die richtige Ausrüstung dabeihaben wie für etwas, das zu erreichen oder zu gewinnen ist.

Und noch gibt es sie, die schmalen Pfade, eingegraben in dunkle Wälder und verzweigt über Grasebenen. Sie schlängeln und winden sich und flechten uns ein; das Bedürfnis, sie entlangzulaufen, durchströmt jede Faser unseres Wesens. Die Wildnis fragt nicht, ob wir männlich oder weiblich, Städter und Landbewohner sind. Sie kennt unsere Fähigkeiten und fordert uns im Gegenzug auf, sie zu erkennen und zu lieben.

Ich möchte über diese Welt Bescheid wissen. Ich möchte über die Organismen Bescheid wissen, mit denen ich interagiere, bewusst oder nicht. Wir alle nehmen und geben, stöbern herum und gestalten, weben ein Netz aus gegenseitiger Abhängigkeit mit der Natur, das ich versuche, mir bewusst zu machen, wenn ich in den Wald gehe.

Ich möchte das Brennen einer Nessel spüren; das getrocknete Blut auf Beinen sehen, die von der Suche nach sonnenerwärmten Brombeeren aufgeschrammt sind; den Schmerz spüren, wenn ich mich bücke und den Waldboden nach Pilzen absuche, während meine Haare sich im Gewirr der Zweige verfangen. Ich möchte den Sog eines abgehenden Stroms spüren, wenn ich tief in einen kalten, dunklen See hinabtauche, und den Adrenalinrausch, wenn verfrorene Hände und Füße auftauen – eine schmerzhafte Erinnerung daran, dass ich am Leben bin.

Diese Wildnis ist nicht ursprünglich – zu viele Male schon ist sie berührt worden. Doch sie ist vollkommen; vollkommen in ihrem ständigen Wandel, ihrer Erneuerung, ihrem Geben und Nehmen. Dieses Wissen um die Natur und ihre Zyklen lenkt unsere Schritte in die atemberaubende Schönheit der Wildnis. Und unsere Herzen brauchen nur zu folgen.

·········×

> **"**
> Wir alle nehmen und geben, stöbern herum und gestalten, weben ein Netz aus gegenseitiger Abhängigkeit mit der Natur.

> Diese Wildnis ist nicht ursprünglich ... doch sie ist vollkommen.

Interview

Eine Flucht zur Seele der Brandung

Soul & Surf, ein Yoga- und Surf-Retreat, begann als Traum zweier gehetzter Londoner.
Ed und Sofie Templeton verspürten den Ruf eines Lebens fernab von Terminen und Verpflichtungen, das
sich auf die Dinge konzentrierte, die sie wirklich zufrieden machten: Yoga, Surfen, gute Freunde und gutes Essen.
Also gaben sie ihre Jobs auf, verließen die Großstadt und reisten ein Jahr um die Welt. Am Ende fanden sie
sich im indischen Bundesstaat Kerala an der tropischen Malabar-Küste wieder, wo sie an Stränden surften,
die noch nicht überlaufen waren, wo niemand hinter ihnen anstand, um die nächste Welle zu erwischen.
Sie luden Leute ein zu kommen und zu bleiben, und binnen kurzem wurde daraus eine neue Lebensweise.

Gab es einen bestimmten Moment, wo ihr einfach gesagt habt: Das war's, ich muss meinen Job aufgeben und reisen?

Ich habe 14 Jahre lang eine Agentur für Grafikdesign geleitet. Wir haben Albencover für Leute wie Fatboy Slim und Elbow entworfen und Filme für PlayStation, um nur ein paar Projekte zu nennen. Außerdem war ich 16 Jahre lang DJ, aber irgendwann war ich zu müde geworden, um die ganze Nacht aufzulegen und danach den ganzen Tag zu entwerfen und zu planen. Sofie hatte in der Modebranche hart gearbeitet, und wir lernten uns zu einer Zeit kennen, als wir beide von der unbarmherzigen Terminhetze in der Kreativwirtschaft ernüchtert und bereit für ein neues Abenteuer waren.

Auf einer Reise nach Farama zu Beginn unserer Beziehung fantasierten wir ein bisschen ins Blaue hinein und schrieben auf, wie wir unsere Tage gern verbringen würden, wenn wir ein paar Millionen Dollar gewännen und uns keine Sorgen mehr um Arbeit oder Geld machen müssten. Nachdem wir uns ein paar Sachen überlegt hatten, arbeiteten wir uns von dort zurück, um zu sehen, wie wir einen solchen Lebensstil ohne die Millionen verwirklichen könnten. *Soul & Surf* war eine von den vielen Möglichkeiten, die uns einfielen.

Durch diese Ideen optimistisch gestimmt, kamen wir zurück nach Großbritannien, gaben unsere Jobs auf, verkauften die Design-Firma, vermieteten das Haus und brachen zu einem einjährigen Surf- und Yoga-Abenteuer auf, für das wir zehn Pfund pro Tag veranschlagten. Wir reisten durch Frankreich, Spanien und Portugal, bevor wir das Wohnmobil zu Hause abstellten und nach Indien flogen, wo wir die Westküste nach Wellen absuchten. Wir blieben ein paar Monate in

Varkala, wo wir jeden Tag auf leeren Wellen surften. Dann flogen wir nach Bali und Lombok (Indonesien), anschließend nach Australien und weiter nach Mittelamerika.

Unser Retreat begann als Verlängerung dieser Reise, um uns über den Winter irgendwo sechs weitere warme Monate zu erkaufen. Wir fingen klein an, indem wir Leute einluden, zu kommen und in unserem Haus in Kerala zu wohnen und die Dinge zu tun, die wir gerne tun: surfen, toll essen, rumhängen und Yoga praktizieren … ach ja, und zwischendurch ein bisschen Party machen.

> **"**
>
> Wir luden Leute in unser Haus und zu den Dinge ein, die wir gerne tun: surfen, toll essen, rumhängen und Yoga praktizieren … ach ja, und zwischendurch ein bisschen Party machen.

203

Was hat euch ursprünglich nach Kerala und dann nach Ahangama, Sri Lanka, gezogen?

Auf unserer zweiten Reise um die Welt suchten wir die Westküste Indiens nach Wellen ab und nach einem Ort, wo wir uns für ein oder zwei Monate niederlassen konnten – als wir in Varkala im indischen Bundesstaat Kerala ankamen, fühlten wir uns sofort heimisch. Es gab dort leere Wellen, in der Nähe einen erstaunlichen Tempel voller Leben und gerade so viele Annehmlichkeiten und Restaurants für den westlichen Geschmack, dass man nicht das Gespür dafür verlor, in einem indischen Gemeinwesen zu leben. Und wir gewannen auch recht schnell ein paar gute einheimische Freunde. Sobald wir eröffnet hatten und regulär in Kerala arbeiteten, verbrachten wir unsere Kurzurlaube drüben in Sri Lanka, ein 40-minütiger Trip mit dem Flugzeug. Wir lernten die Südküste wirklich kennen und schätzen. Sri Lanka ist so ganz anders als Indien: sehr viel erschlossener für Touristen, mit viel mehr Surfern. Aber wenn man an der Oberfläche kratzt und von der geschäftigen Küste nur ein paar Kilometer ins Landesinnere fährt, findet man das echte Sri Lanka: ruhig, schön, wild und reich an Kultur und wilden Tieren. Beide Orte verfügen auf jeden Fall über eine tiefgründige Seele.

Was hat euch, als ihr in Kerala gelandet seid, bewogen, ausgerechnet ein Retreat zu eröffnen, bei dem sich alles um Yoga und Surfen dreht?

Es war purer Egoismus. Und pures Glück. Es ist der neueste Trend, Yoga und Surfen zu verbinden, aber die ehrliche Antwort lautet, dass ich ein Surfer bin, dem Yoga Spaß macht. Sofie ist eine Yoga-Meisterin, die gerne surft, und beide haben wir Freude daran, zu reisen und Freunde zu bewirten. Mit der Eröffnung von Indiens erstem Surf- und Yoga-Retreat hatten wir die Möglichkeit, zusammen mit einem Haufen cooler Leute aus der ganzen Welt tagtäglich die Dinge zu tun, die wir lieben.

Verspürt ihr immer noch das Bedürfnis, täglich surfen zu gehen, etwas für euch zu tun statt fürs Geschäft? Habt ihr eine besondere Stelle, wo ihr gerne hingeht?

In unseren echt verrückten, chaotischen Anlauf- oder Krisenmanagement-Zeiten (letztere kommen regelmäßig vor, wenn man in schwierigen Umfeldern agiert) muss ich mich immer wieder daran erinnern, wozu wir hier sind und warum wir *Soul & Surf* machen. Wenn wir nicht leben und atmen, was wir unseren Gästen bieten, was soll das Ganze dann? Ein oder zwei Stunden in der Brandung, eine Stunde auf der Matte oder eine Stunde auf dem Massagetisch – all das ist etwas Besonderes, egal wo wir zufällig gerade sind.

Bei *Soul & Surf* scheint es sehr stark darum zu gehen, mit dem lokalen Umfeld und den Einheimischen sowohl in Indien als auch in Sri Lanka in Kontakt zu kommen. Ist das ein wichtiger Teil eurer Arbeit?

Bevor wir eröffneten, hörten wir ein paar üble Geschichten über westliche Ausbeutung an einigen der größeren, besser bekannten Surf-Reiseziele. Wir versprachen uns, dass wir uns, sollten wir jemals ein Unternehmen an einem solchen Ort eröffnen, nach Kräften bemühen würden, dieses Klischee zu durchbrechen. Einer unserer zentralen Unternehmenswerte ist und war immer schon, dass wir ein positives Erbe hinterlassen, wenn wir aus einer Region wegziehen. In Kerala hat sich das in mehrfacher Hinsicht manifestiert: Wir haben so vielen Einheimischen und Kindern das Surfen beigebracht, wie wir konnten, und daraus hat sich ein wöchentlicher Surfclub entwickelt. Heute beschäftigen wir einige dieser Jugendlichen in unserem Café, und ein paar sind zu unserem Ausbilderteam gestoßen. So haben wir erreicht, was wir immer wollten: ein bestens qualifiziertes, absolut professionelles, gut bezahltes Team von in Kerala geborenen Surflehrern.

Was hofft ihr, bringt den Leuten am Ende ihr Aufenthalt bei euch?

Einfach eine schöne Zeit. Oder die Anregung, ihre Art der Lebensführung zu ändern. Aber alles, was sich irgendwo dazwischen bewegt, ist gut für uns.

.........×

„

Wenn wir nicht leben
und atmen, was wir
unseren Gästen bieten,
was soll das Ganze
dann?

Unter dem Sternenzelt

Für Stephanie Francis geht es bei *Under Sky*, der Schwesterfirma von *Homecamp*, darum,
Menschen wieder an das gute Leben heranzuführen: unter freiem Himmel schlafen, sich um ein Feuer scharen –
umgeben von wunderbaren Freunden und strahlenden Sternen. Die Philosophie ihrer
Outdoor-Events ist, dass Camping nicht durchlitten werden oder eine Übung in Entbehrungen und
schlechter Nachtruhe sein sollte. Indem sie das Zelten zu etwas Angenehmem, Behaglichem macht,
will Stephanie Leuten ermöglichen, die Hektik der Großstadt hinter sich zu lassen und Erinnerungen zu sammeln,
wie sie nur rund um ein prasselndes Feuer entstehen. *Under Sky* errichtet seine Lager oft an Locations,
zu denen die meisten Menschen ansonsten keinen Zutritt hätten. Und diese Orte beweisen,
dass Naturschönheit nicht nur in der Abgeschiedenheit und Wildnis zu finden ist.

Als Stephanie ihr erstes Event in einem privaten Olivenhain, umgeben von den flachen Bergen
eines Nationalparks ausrichtete, erlebte sie den Zauber, der sich einstellt, wenn vielbeschäftigte Leute
den Alltagstrott gegen ein schönes Segeltuchzelt und einen freien Himmel eintauschen.

Aus dem Olivenhain blickte ich über die Gipfel des nördlichen Grampians-Nationalparks im Inneren des australischen Bundesstaates Victoria, deren Felsen die Farben wechselten, als die Sonne langsam unterging. Ein klarer Himmel versprach besonders gute Bedingungen, um Sterne zu beobachten.

Nach und nach fanden unsere Gäste sich um das Lagerfeuer ein, tranken ein Glas Wein zusammen, zogen sich warme Sachen an und genossen die Aussicht. Barbecues wurden angezündet, und Gespräche entspannen sich. Unsere Rundzelte aus Segeltuch waren perfekt aufgestellt und boten jedem einen behaglichen, bequemen Raum für die Nacht.

Angesichts der Sterne über uns und des herzlichen Gefühls von Kameradschaft, das uns bald umfing, wusste ich, dass wir etwas Besonderes geschaffen hatten.

Solche Momente zu erzeugen, darum geht es bei *Under Sky*. Wir hatten uns immer etwas eingebildet auf unsere Zeltlager bei Festivals, und dort ist die Idee auch entstanden. Wir wollten unvergessliche Outdoor-Erlebnisse schaffen, indem wir die Leute ermutigen, ihre Häuser zu verlassen und raus in die Natur zu gehen.

Der wunderbare Mount Zero Olive Grove am Fuße der Grampians bot Gästen das einzigartige Erlebnis, mitten in einem Olivenhain zu zelten, zu dem sie sonst niemals Zutritt hätten, umgeben von spektakulären Aussichten auf felsige Gipfel und das direkt vor der Haustüre eines der schönsten Nationalparks Australiens.

Wir versuchen, es unseren Gästen so angenehm wie möglich zu machen, aber wir möchten zugleich auch, dass unsere Gäste Abstand von ihrem hektischen Großstadtleben gewinnen und eine neue Verbindung zur Natur eingehen. Das Konzept besteht also darin, Städtern zu ermöglichen, die Freuden des Zeltens in der Natur zu erleben, ohne die ganze harte Arbeit, die damit verbunden ist.

Lagerfeuergespräche und Pizza vom Holzfeuer; aus dem Schatten der Olivenbäume die Sterne beobachten; in ein behagliches Zelt kriechen (mit richtigem Bett und so!), um unter Segeltuch einzuschlafen. Genau daraus sind Erinnerungen gemacht. Genau deshalb gibt es *Under Sky*.

·········×

„

Aus dem Olivenhain blickte ich über die Gipfel des nördlichen Grampians-Nationalparks, deren Felsen die Farben wechselten, als die Sonne langsam unterging.

„
Wir wollten lange Zeit dortbleiben, um das Gefühl zu kriegen, richtig dort zu leben und nicht bloß auf Besuch da zu sein.

Interview

Das Herz der Dunkelheit

Seinen ersten Film, *North of the Sun*, drehte Inge Wegge 2012 mit seinem Freund Jørn Ranum
im Anschluss an ihren Aufenthalt in einer abgeschiedenen, unbewohnten Bucht vor der Nordküste Norwegens,
weit nördlich des Polarkreises, wo die Sonne im Winter viele für Monate verschwindet.
Obwohl dieser Strand in einer entlegenen Weltgegend lag, war er übersät mit Plastikteilen, die an die Küste
gespült worden waren. Sie bauten eine Hütte aus diesem Material, und richteten sich darauf ein,
mit Surfen und dem Versuch, den Strand zu reinigen, den dunklen Winter zu überstehen.

In seinem zweiten Film, *Bear Island*, reiste Inge auf die unbewohnte Bäreninsel (norwegisch Bjørnøya)
auf halbem Wege zwischen dem Nordkap und Spitzbergen, um mit seinen Brüdern Håkon und Markus zu surfen.
Während den Brüdern eingeschärft wurde, keine Spuren zu hinterlassen, kamen sie zu Stränden,
die bereits voller Müll waren. In Inges Film werden wir zu Voyeuren des Schicksals dieser Orte, wo Menschen
bereits Spuren hinterlassen haben, bevor dort je ein Fußabdruck gemacht wurde.

Erzähl uns von dir und wo du lebst.
Ich lebe auf der Inselgruppe der Lofoten vor der nordnor-
wegischen Küste. Für mich ist das ein Paradies. Die Lofoten
haben alles, wovon man träumen kann: Berge zum Skifahren,
Snowboarden und Klettern, gute Wellen zum Surfen, und die
Leute hier sind echt nett. Wir leben auf einer Insel, und Insel-
bewohner kümmern sich gewöhnlich umeinander.

**Wie bist du auf die Idee zu deinem ersten Film,
North of the Sun, gekommen?**
Mein Freund von der Filmschule und ich waren beide an diesem tollen Strand gewesen und haben den ganzen Müll und
die Gegenstände gesehen, die herumlagen. Das inspirierte uns,
dort zu leben und aus den Dingen, die an Land gespült worden waren, ein Haus zu bauen. Wir wollten lange Zeit dortbleiben, um das Gefühl zu kriegen, richtig dort zu leben und
nicht bloß auf Besuch da zu sein. Wir wussten, dass die Wellen
sich zum Surfen eigneten, und wir wollten über eine ganze
Wintersaison bleiben, damit wir es richtig genießen konnten.

**In beiden Filmen kommen Orte vor, auf die nur
wenige Menschen je einen Fuß gesetzt haben, und
doch sind sie bedeckt von menschengemachtem Abfall.
Was denkst du, wenn du dort ankommst?**
Es macht mir klar, wie viel Plastik es in unseren Ozeanen geben muss. Nur ein kleiner Teil davon endet an den Stränden;
der Rest schwimmt einfach herum und zerbröselt dabei in
immer kleinere Partikel, um schließlich in den Mägen von
Fischen und Tieren zu landen, die eines Tages möglichweise
von uns verzehrt werden.

***North of the Sun* ist eine Abenteuergeschichte,
aber sie hat auch eine starke ökologische Botschaft.
War das Teil des Vorhabens?**
Es ergab sich ganz natürlich. Der Ort ist so schön, aber ich
war traurig, als ich das ganze an den Strand gespülte Plastik sah. Wir wollten alles saubermachen. Absolut alles. Also
fingen wir an, die Stücke aufzusammeln. Aber als wir im
Sand gruben, stellten wir fest, dass er bloß aus zig Schichten
Plastik bestand. Und es kam einfach immer wieder neuer
Müll dazu, jeden Tag. Uns wurde klar, dass wir nie alles
wegschaffen könnten. Wir wollten es den Leuten bewusst
machen und sie zu dem Versuch anregen, etwas zu ändern.

In welcher Weise wertet der Vorsatz »der Natur etwas zurückzugeben« ein Abenteuer auf, insbesondere an einem so abgeschiedenen Ort?
Die Natur verschafft mir so viele tolle Momente. Wir wollten ihr etwas zurückgeben – nicht nur konsumieren, was sie bietet. Der Eindruck eines sauberen Strandes am Ende dieser ganzen Plackerei hatte etwas. Er gab mir das Gefühl, dass ich mir das Recht verdient hatte, die Bucht mein Zuhause zu nennen.

Die meisten Surfer machen für ihre Surftrips tropische Inseln ausfindig, aber für *Bear Island* habt ihr euch für eine der wohl kältesten entschieden. Wieso habt ihr diese Insel ausgesucht?
Warme Orte sind verlockend, aber wir wissen nicht so viel über Schlangen, Moskitos und solches Zeug. Wir sind an die Kälte gewöhnt, sodass wir wie selbstverständlich nach Norden blickten. Vielleicht ist es eine norwegische Eigenart, kalte Orte zu erkunden. Die Bäreninsel schien der perfekte Ort zu sein. Es ist eine kleine Insel, nur 15 Kilometer breit und 20 Kilometer lang, sodass wie die Möglichkeit hatten, die gesamte Küstenlinie auszukundschaften. Ihre Berge schienen perfekt geeignet zu sein, um im Schnee zu spielen.

Es gibt eine Szene im Film, wo du davon sprichst, dass Wellen nur für einen kurzen Moment existieren, sodass auf ihnen zu surfen bedeute, mit diesem einen Kraftimpuls des Ozeans zu koexistieren. Was lehrt euch die Kraft der Natur?
Wenn ich lange Zeit draußen bin, wird mir klar, dass die Dinge, die einem im täglichen Leben vielleicht vorkommen – E-Mails beantworten, in den sozialen Medien auf dem Laufenden bleiben –, es eigentlich gar nicht sind. Ich sehe auch mehr Einzelheiten in der Natur, werde empfänglicher für Eindrücke. Surfen ist so besonders, weil so viel Kraft in einer Welle steckt, und wenn ich eins werde mit dieser Energie, bin ich total fokussiert. Mir kommt dann jede Sekunde vor wie zehn.

·········×

„

Am Ende dieser ganzen Plackerei hatte ich das Gefühl, dass ich es verdient hatte, die Bucht mein Zuhause zu nennen.

Inge Wegge und Jørn Ranum entschieden sich, an einem sonnenlosen, kühlen Strand in Nordnorwegen zu leben, weil sie ihn wirklich kennenlernen wollten. Ihr Haus bauten sie aus dem Abfall, der an Land gespült worden war, und verbrachten ihre Tage mit Surfen und mit der Reinigung eines Ortes.

Allein im Wald

Alison Kraner wuchs in den Wäldern der Mittelatlantikregion Amerikas auf, aber sie hatte nie eine Nacht alleine im Wald verbracht. Als sie sich dann für ein einwöchiges Führungstraining anmeldete, in dem Wissen, dass sie eine Nacht allein im Wald verbringen würde, versuchte sie sich vorzustellen, wie das wohl sein würde – was für ein Gefühl das wäre. Was sie nicht ahnte, war, dass der Wald so fremdartig sein würde, so voller rätselhafter Geräusche. Der Trick bestand darin, sich mit dem Wald völlig neu vertraut zu machen, um dann ein Teil dieser unbekannten Welt zu werden.

Ich ließ meinen Rucksack auf den Boden fallen, und das Geräusch hallte im stillen Wald wider. Ich war allein, ausgerüstet mit einem geliehenen Rucksack, in dem sich Erdnussbutter-Sandwiches befanden, dazu eine Flasche Wasser, eine Zeltplane, von der ich irgendwie wusste, wie man sie aufbaut, Schlafzeug, eine Stirnlampe und eine Trillerpfeife für den Notfall, die jedoch nicht zu benutzen man mir einschärfte, weil sie noch nie gesäubert worden war.

Sobald die Schritte der anderen verklangen, nahm ich mir einen Moment, um so still zu stehen, wie ich konnte. Ich hörte vertraute Geräusche: Blätter raschelten, Grillen zirpten und Vögel zwitscherten. Irgendwo unterhalb konnte ich den Fluss murmeln hören, wie er in stetiger Bewegung über die Steine floss.

Der Wald hier war dicht, voller großer grüner Blätter. Trotz der Hitze fröstelte ich. Eine Weile versuchte ich mich abzulenken, prüfte die Spannung meiner Zeltschnüre, aß meine Sandwiches in kleinen Bissen und nippte an dem Wasser.

Jetzt, wo ich anstelle der vertrauten Stimmen meiner Gruppe nur noch die Tritte meiner eigenen Schuhe hörte, sprach der Wald mit ganz neuen Stimmen. Ich nahm Geräusche wahr, die ich nicht recht zuordnen konnte: Zweige knackten unter unsichtbaren Gewichten, die so schnell verschwanden, wie sie gekommen waren; Rufe ertönten in meiner Nähe, und es war unmöglich zu unterscheiden, wo einer aufhörte und ein anderer anfing.

Nachdem ich stundenlang versucht hatte, die Herkunft all dieser Geräusche auszumachen, war ich erschöpft. Es gab wohl nur eine Möglichkeit: Ich musste mich ganz der Fremdheit dieses Ortes überlassen, musste Teil seines Rhythmus werden. Während die Sonne langsam ins Dunkel eintauchte, wurde es im Wald allmählich kühler; er begann wieder zu atmen, und ich versuchte, mit ihm zu atmen.

In dieser einzigen Nacht lernte ich noch nicht, mich allein im Wald behaglich zu fühlen, aber ich fing an, mich an das Unbehagen zu gewöhnen und zwischen Angst und tatsächlicher Gefahr zu unterscheiden. Ich hatte mir in der Dunkelheit eine Welt erbaut, die von meinen eigenen Gedanken und Ängsten erfüllt war. Langsam akzeptierte ich die Geräusche meiner Umgebung und fand Ruhe. Ich lernte, mich mit der realen Welt unbekannter Dinge und Geräusche, die mich umgab, behaglich einzurichten.

·········×

„

Während die Sonne langsam ins Dunkel eintauchte, wurde es im Wald allmählich kühler; er begann wieder zu atmen, und ich versuchte, mit ihm zu atmen.

Interview

Die vielen Kompositionen der Natur

In ihrer Jugend fotografierte Bec Kilpatrick mit der alten Canon-Kamera ihres Vaters den Ozean und die Zucker-
rohrfelder von Byron Bay in New South Wales, Australien. Das war der Beginn ihrer Liebe zur Fotografie. In der
Schule vergrub sie sich zur Mittagszeit in der Dunkelkammer und sah zu, wie der chemische Prozess
langsam die Motive enthüllte, die sie aufgenommen hatte. Sie stellte fest, dass es bei der Fotografie nicht nur
darum ging, die Magie eines Augenblicks einzufangen, sondern auch um Prozess, Planung und Praxis.
Sobald sie anfing zu reisen, entdeckte sie, dass sie schneller Zugang zu ihrer Umgebung fand und andere eher
inspirieren konnte, es ihr gleichzutun, wenn sie ihre Kunst auf die Straße und raus in die Natur brachte.

**Kannst du uns etwas über deine Arbeit
als Naturfotografin erzählen?**
Meine Arbeit beginnt immer damit, dass ich irgendetwas
ausführlicher erkunden möchte: eine Landschaft durch das
Objektiv meiner Kamera oder die feinen Maserungen eines
Vogelgefieders, wenn ich zeichne. Ein Großteil meiner
Fotografie dreht sich im weitesten Sinne um die Natur,
aber auch darum, wie wir mit ihr interagieren. Mein Leben
ist ziemlich arbeitsreich und hektisch, aber anders würde
ich es nicht wollen. Am meisten Lust zu fotografieren habe
ich, wenn ich einen Ort zum ersten Mal sehe und erlebe.

**Du bist auch Zeichnerin. Wie unterscheiden
sich diese beiden künstlerischen Praktiken, und
was haben sie gemeinsam?**
In beiden Prozessen, ob ich Fotos mache oder zeichne, bin
ich die stille Beobachterin, die versucht, ein Thema auf
neue Art darzustellen, damit die Leute sich daran erfreuen.

"

Ich habe es noch nie bereut, an einen neuen Ort zu reisen. Man lernt so viel von der Fremde und von den Menschen, die man trifft.

Aber obwohl beide Kunstformen einander beeinflussen
und dieselbe Geduld erfordern, gibt es Unterschiede. Bei
einer Fotografie ist man begrenzt durch das, was man in
den Rahmen packt; neue Perspektiven und interessante
Kompositionen zu kreieren ist eine ständige Herausforderung. Beim Zeichnen sind einem keine Grenzen gesetzt.
Alles, was einem in den Sinn kommt, ist möglich, und
diese Freiheit kann zugleich befreiend oder beklemmend
sein. Für mich ist es wichtig, im Einklang mit mir zu sein,
mich weiter inspirieren zu lassen und damit zu spielen,
wie beide Kunstformen sich wechselseitig beeinflussen.

**Wo lebst du, und was gefällt dir daran, deine Zeit
zwischen zwei Kontinenten aufzuteilen?**
Ich bin in Byron Bay aufgewachsen, und das Geräusch der
Wellen wird für mich immer Heimat bedeuten. Mit ein-
undzwanzig bin ich nach Kanada gereist, wo ich mich in
die Berge (und Andrew, meinen Partner) verliebte. Seitdem
sind wir zwischen Calgary und Byron Bay hin und her
gezogen, haben im Sommer Hochzeiten fotografiert und
bei Reise- und Lifestyle-Jobs mitgearbeitet. In jüngerer
Zeit haben wir überall in Kanada Marktstände aufgebaut,
wo wir dann unsere Grafiken und Fotografien verkaufen.
Es ist so amüsant und erfrischend, direkt mit Leuten zu
kommunizieren und unsere Kunst zu präsentieren. Heut-
zutage verliert man sich leicht vor lauter Online-Posts
und hat das Gefühl, den Bezug zu den Arbeiten, die man
veröffentlicht, verloren zu haben. Wir haben großes Glück,
dass wir unsere Zeit zwischen zwei Ländern aufteilen und
das ganze Jahr über das tun können, was wir lieben.

Wie sieht ein normaler Tag für dich aus?

Jeder Tag beginnt mit einer Tasse Tee! Manchmal im Bett mit meiner Lieblingstasse und andere Male mit einem Reisebecher auf einer langen Autofahrt. Am liebsten ist mir der Tee von einem Campingkocher oben auf einem Berg, nachdem ich einen wundervollen Sonnenaufgang beobachtet habe.

Ich bemühe mich wirklich, mein Alltagsleben zu strukturieren, da man als Freiberufler eigentlich immer arbeitet. Ich versuche, eine gute Balance zwischen dem Kreieren neuer Arbeiten und dem Reisen zwecks Motivsuche zu finden, und nebenbei meine Websites und Social-Media-Accounts zu pflegen und meine Termine einzuhalten.

Deine Naturaufnahmen sind unglaublich und inspirieren uns, von neuen Orten zu träumen – wie viel Arbeit steckt in jeder Aufnahme?

Fotografie benötigt eine Menge Planung, vor allem wenn es darum geht, gute Locations ausfindig zu machen. Ich recherchiere immer, um herauszufinden, wann das Licht am besten sein wird, wann die Sonne auf- oder untergeht, wo der Mond steht, und überhaupt halte ich mich einfach über die Wetterverhältnisse auf dem Laufenden. Man muss sich vorbereiten, damit das Unvorhersehbare und Unbekannte die magischen Aufnahmen kreieren kann.

Wie wichtig ist die Natur für deine Arbeit?

So wichtig, wie sie für mein Wohlbefinden ist. Als Jugendliche wollte ich entweder Künstlerin oder Biologin werden. Die Muster, Systeme und Zyklen, die in der Natur existieren, sind faszinierend, und ich habe mich darin verliebt, sie in meiner Arbeit zu dokumentieren und zu interpretieren. Es ist so schön, innezuhalten und den kleinen Dingen Beachtung zu schenken, die in unserer Welt so häufig unbeachtet bleiben.

Wohin gehst du in der Natur, wenn du neue Kräfte tanken musst?

Wenn ich daheim in Australien bin, gehe ich schnurstracks an den nächstgelegenen Strand. Es gibt für mich nichts Beruhigenderes als im Ozean zu schwimmen und meine Gedanken am Horizont zu verlieren. Andererseits besteht meine ideale Flucht darin, mich auf ein langes Campingabenteuer in die Berge zu begeben. Nichts erdet einen mehr, als eine Tasche mit Essen und Campingausrüstung vollzupacken und ein paar Nächte unter den Sternen zu schlafen. Es ist die perfekte Methode, sich wieder mal über die Dinge klarzuwerden, die wirklich zählen, und in diesen Momenten fühle ich mich am meisten inspiriert.

"

Nichts erdet einen mehr, als eine Tasche mit Essen und Campingausrüstung vollzupacken und ein paar Nächte unter den Sternen zu schlafen. Es ist die perfekte Methode, sich wieder mal über die Dinge klarzuwerden, die wirklich zählen.

Was sind deine wichtigsten Tipps für großartige Naturaufnahmen?
Zunächst einmal ist die Tageszeit äußerst wichtig.
Das beste Licht habt ihr frühmorgens und am Spätnachmittag, wenn die Sonne niedrig steht und das Sonnenlicht weich ist. Um von diesem Licht zu profitieren, müsst ihr eure Tage darum herum planen. Seid bereit, lange draußen zu sein und früh aufzustehen, und packt immer eine Stirnlampe ein.

Vergesst nicht, dass die perfekte Aufnahme Planung erfordert, aber achtet darauf, Vorkehrungen für das Unerwartete zu treffen. Ich investiere immens viel Planung, um eine »perfekte« Aufnahme zu bekommen, aber einige meiner Lieblingsbilder sind aus verrückten Abenteuern bei wenig oder ohne Schlaf entstanden. Beispielsweise, als ich in allen Einzelheiten plante, wie ich ein Foto von den Emerald Lakes entlang des Tongariro Alpine Crossing auf Neuseelands Nordinsel machen könnte (Abbildung rechts). Ich las, dass es vom Parkplatz bis zum Red Crater, von dem aus man einen atemberaubenden Blick auf die drei türkisfarbenen vulkanischen Seen hat, eine dreistündige Wanderung sei. Also zogen wir um drei Uhr morgens. Es war stockfinster, bald gab auch die Batterie meiner Stirnlampe den Geist auf und es wehte ein heftiger Wind. Wir kämpften uns trotzdem durch und erreichten schließlich gegen fünf die Spitze des Red Crater: anderthalb Stunden, bevor die Sonne aufgehen sollte. Wir drängten uns zusammen und versuchten, warm zu bleiben, als uns unversehens ein Schwall warmer Luft traf – der vulkanischem Boden dampfte. Als die Sonne schließlich über den Vulkanen aufging, bekamen wir die schönsten Fotos vom ersten Licht auf den Seen und dem Dampf, der im Vordergrund aufstieg. Es war ein wundervoller Morgen.

Macht euch mit eurer Kamera und mit ihrem Einsatz unter unterschiedlichen Aufnahmebedingungen vertraut. Die Redensart »Die beste Kamera ist die, die man dabei hat«, bedarf eines Kommentars. Die meisten Leute tragen bereits in ihren Taschen ziemlich gute Kameras mit sich herum – ihre Telefone! Smartphones machen wirklich gute Fotos, aber wenn ihr einen Schritt weiter gehen wollt, ist eine DSLR, eine digitale Spiegelreflexkamera, ein Muss.

Solche Kameras sind weder preiswert noch leicht, aber die Qualität und die Gestaltungsmöglichkeiten verschaffen ihnen einen Vorteil gegenüber jeder Kompaktkamera. Mit einer

DSLR könnt ihr die Verschlusszeit und die Blendenöffnung frei wählen und damit die Gesamtbelichtung eures Bildes beeinflussen. Mit der gewählten Verschlusszeit könnt ihr beeinflussen, wie lange Licht auf den digitalen Sensor fällt, womit ihr die Möglichkeit habt, Bewegungen einzufrieren oder in die Länge zu ziehen. Mit der gewählten Blendenöffnung könnt ihr den Durchmesser der Öffnung verändern, die Licht hereinlässt. Je niedriger der Blendenwert, desto größer die Blendenöffnung. Beispielsweise lässt Blende f1,8 mehr Licht herein als f22, und sie ermöglicht euch, die Kamera auch bei schlechten Lichtverhältnissen einzusetzen. Sobald ihr gelernt habt, wie man mit Verschlusszeit und Blendenöffnung arbeitet, könnt ihr dafür sorgen, dass euer Bild entsprechend eurer Umgebung richtig belichtet wird.

Es gibt keine »beste« Einstellung für eure Kamera, nur die passendste für eine gegebene Situation. Ihr müsst immer bereit sein, eure Einstellungen manuell der sich ständig verändern Umgebung anzupassen. Wenn der Wind oben auf einem Berg plötzlich auffrischt, ist es hilfreich, die Kamera auf Blendenautomatik zu stellen, mit einer Verschlussgeschwindigkeit von mindestens 1/500 Sekunde. Die Blendenautomatik, auf den Kameras meist mit S *(shutter priority)* oder TV *(time value)* gekennzeichnet, erlaubt euch, eine Verschlusszeit vorzuwählen, während die richtige Blende automatisch gewählt wird. Dieser Kameramodus gewährleistet, dass ihr mit einer Verschlusszeit arbeitet, die schnell genug ist, um ein durch heftige Winde und entsprechendes Kameraruckeln verursachtes Verwackeln auszuschließen.

Denkt über die Bildgestaltung nach. Es ist leicht, einfach nur draufzuhalten und zu knipsen, wenn man sich an einem schönen Ort befindet, aber es lohnt sich innezuhalten, um über die Gestaltung einer Aufnahme nachzudenken. Welche Objekte oder Formen bilden den Vordergrund? Wäre das Foto interessanter mit einer Person im Bild, um die Größenverhältnisse zu verdeutlichen? Welche natürlichen Linien gibt es, die das Auge des Betrachters durch das Bild führen können?

Auf einem traditionellen Landschaftsfoto hat man drei Blickfelder: Vordergrund, Mittelgrund und Hintergrund. Mit verschiedenen Techniken lässt sich das Auge des Betrachters zu jedem dieser Bereiche führen. Die gängigste Regel ist die Drittel-Regel, über die ich weiter unten noch sprechen werde. Ihr könnt auch eine große Blende

(geringer Blendenwert) verwenden, um sicherzustellen, dass nur ein Blickfeld fokussiert wird, und dadurch den Fokuspunkt des Bildes eingrenzen. So könnt ihr beispielsweise auf den Mittelgrund mit einem Leuchtturm scharfstellen, aber den Vordergrund (Felsen) und Hintergrund (Himmel) weichzeichnen. Eine andere Möglichkeit, die Bildschärfe zu steuern, ist die Nutzung der natürlichen Linien in der Landschaft, um »das Auge durch das Bild zu führen«.

Es gibt sehr viele Gestaltungsregeln in der Fotografie, die meiner Ansicht nach ausgelotet und dann gebrochen werden sollten. Die bekannteste ist die schon erwähnte Drittel-Regel, bei der man das Bild in ein Gitternetz aus neun Quadraten aufteilt und seinen Fokuspunkt an einem der horizontalen und vertikalen Schnittpunkte platziert. Der Fokuspunkt ist der Teil des Bildes, auf den man das Auge des Betrachters zuerst lenken möchte – er sorgt für ein starkes Bild. In der Landschaftsfotografie kann man mit dieser Regel schön spielen, indem man etwa den Horizont ins obere oder untere Drittel des Bildes verschiebt. Probiert's aus und vermeidet es, euren Horizont in die Bildmitte zu rücken – benutzt das Gitternetz, um mit der richtigen Position zu experimentieren.

Worüber ich in erster Linie nachdenke, wenn ich eine Aufnahme gestalte, ist Einfachheit. Oft ist es sehr schwierig zu versuchen, eine überladene Landschaftsszene auf etwas Überschaubares und Fesselndes zu reduzieren, aber ich glaube, dass die einfachsten Bilder oft die eindrucksvollsten sind.

> **"**
> Ich investiere
> immens viel Planung,
> um eine »perfekte«
> Aufnahme zu
> bekommen, aber
> einige meiner
> Lieblingsbilder sind
> aus verrückten
> Abenteuern
> entstanden!

Probiert verschiedene Objektive aus. Für Spiegelreflex-kameras gibt es zwei unterschiedliche Arten von Objektiven: Festbrennweiten und Zoom-Objektive. Festbrennweiten haben nur eine einzige Brennweite, die man nicht verändern kann. Gewöhnlich fokussiert ein solches Objektiv schneller und produziert schärfere Bilder. Zoom-Objektive verfügen über einen mehr oder weniger großen Brennweitenbereich, sodass man Objekte heranholen oder den Bildausschnitt vergrößern kann – für die Landschaftsfotografie ein großer Vorteil.

Es gibt Objektive für bestimmte Verwendungszwecke, etwa Weitwinkelobjektive für Landschaftsaufnahmen und Teleobjektive für die Tierfotografie. Wichtig ist, dass man experimentiert.

Verwendet ein Stativ. Ein Stativ ist unerlässlich, um sicherzustellen, dass eure Bilder schön scharf sind, vor allem wenn ihr bei schwachem Licht fotografiert. Wenn ihr ein Stativ verwendet, könnt ihr außerdem mithilfe eurer Kameraeinstellungen einige hübsche stilistische Effekte kreieren. Wenn ihr beispielsweise Wasser fotografiert, könnt ihr, wenn ihr Ihre Kamera auf einem Stativ stabilisiert, den Verschluss länger geöffnet lassen, sodass all die kleinen Wellen und Strukturen verschwimmen und aussehen wie Glas.

Spielt herum. Habt keine Angst, neue Dinge auszuprobieren und zu experimentieren. Probiert verschiedene Verschluss-zeiten aus, um Bewegung einzufangen, und verschiedene Blendenöffnungen, um einen Fokuspunkt hinzuzufügen. Dies ist der einzige Weg, wie ihr eure Kamera kennenlernen und einen Stil kreieren werdet, der eindeutig eurer ist.

·········×

Auf der Jagd nach facettenreichen Naturfotografien teilt Bec Kilpatrick ihre Zeit zwischen den Bergen Kanadas und den Stränden Australiens auf. Während eines Abstechers in den Tongariro National Park auf Neuseelands Nordinsel wurde sie daran erinnert, dass es sich lohnt, für Sonnenaufgänge früh aufzustehen und für kühle Sonnenuntergänge lange auszuharren.

Der Ruf der Wellen

Von seinen ersten zaghaften Schwimmversuchen auf einem Boogie Board in Australiens südlichen Gewässern bis zur Nutzung des Ozeans als Triebkraft, Inspiration und Schwerpunkt seiner hochgelobten Zeitschrift *Paper Sea* hat Andy Summons sein Leben in der Nähe des Ozeans verbracht. Das Meer ist unendlich wechselhaft und eine stete Herausforderung für die, die sich zu ihm hingezogen fühlen. Man muss einfach das Abenteuer und Risiko akzeptieren, das den Kern jedes ozeanischen Unterfanges ausmacht. Das ist eine Lektion, die weit über einen harmlosen Strandbesuch hinausgeht.

Meine früheste Erinnerung an den Ozean reicht zurück in mein fünftes Lebensjahr. Es war ein windiger, bewölkter Tag, und wir waren am Strand der Stadt Flinders im australischen Bundesstaat Victoria. Das Meer war wild und aufgewühlt, und winzige, spitze Wellen krönten das Wasser. Die riesigen dunklen Bereiche, die unter der Oberfläche des Ozeans lauerten, standen für jeden vorstellbaren Schrecken: Haie, Seeschlangen, blaugeringelte Kraken – auf jeden Fall.

Erinnert ihr euch an diesen Schauer, wenn ihr etwas erlebt habt, das euer Vorstellungsvermögen überstieg? Als Kind schien so etwas jeden Tag zu passieren. Es gab so viel zu erkunden, so viele erste Male und so viele unbekannte Erfahrungen. Wir waren leidenschaftliche Entdecker, immer auf der Suche nach dem Neuen – beseelt von einer unzähmbaren Entschlossenheit, über unsere Grenzen zu gehen, nur um zu sehen, was passieren würde.

Je mehr Selbstvertrauen, Geschichten und Narben wir ansammeln, desto unspektakulärer kommt uns das vor, was uns einst Schauer des Entsetzens und der Erregung durch die Venen gejagt hat. Und dann hören wir, nachdem wir jahrelang das Unbekannte erkundet und uns weiterentwickelt haben – meist aus keinem konkreten Grund – plötzlich auf damit. Wir arrangieren uns mit dem Vertrauten und lassen zu, dass dieser ganz spezielle Schauder eine verblassende Erinnerung wird. Eine Anekdote. Eine Geschichte für die Kinder.

Wie oft haltet ihr inne und besinnt euch? Denkt darüber nach, wie und wo ihr eure Zeit verbringt und eure Energie verbraucht und wohin euch das führt? Der Schriftsteller und Historiker William James Durant sagte einmal: »Wir sind das, was wir wiederholt tun.« – Nun, was seid ihr? Denkt zurück an jene Leidenschaft fürs Abenteuer aus Kinderzeiten.

Sie ist nicht erloschen. Sie ist lediglich eingepackt und in einem Schuppen in eurem Hinterkopf verstaut worden.

Von steigenden Meeresspiegeln einmal abgesehen, ist der Ozean im Prinzip seit Generationen derselbe geblieben: ein weiser Lehrer, bereit, jenen zu helfen, die willens sind, sich selbst herauszufordern und zu lernen. Jedes Mal, wenn man zum Strand geht, gibt es neue Gelegenheiten, zu lernen und sich weiterzuentwickeln. Daher werde ich immer Zeit und Energie darauf verwenden, meine Beziehung zu ihm zu vertiefen.

Dass ich mein Leben lang vom Ozean gelernt habe, hat mir auf vielfache Weise geholfen, das merke ich noch heute. Dinge, die ich beim Schwimmen und Surfen, Tauchen und Dahintreiben gelernt habe, tauchen plötzlich auf und weisen mir den Weg. Der Ozean ist ein unverzichtbarer Teil meines Lebens, und ich bin zutiefst dankbar für alles, was er gibt. Selbst das eiligste Bad im Ozean, der enttäuschendste Wellenritt, der unergiebigste Tauchgang und der schlappste Bodysurf-Versuch bringen mich einer positiveren mentalen Ruhe ein gewaltiges Stück näher.

Der Ozean bietet praktisch unbegrenzte Möglichkeiten, uns selbst infrage zu stellen, unsere Erwartungen zu durchbrechen, sie neu auszurichten und es noch einmal zu versuchen. Alles, was wir fühlen, träumen und hoffen, ist im Ozean zu finden. Die Frage ist, ob wir bereit sind, uns auf die Suche danach zu machen?

.... ✕

„

Selbst das eiligste
Bad im Ozean,
der unergiebigste
Tauchgang und der
schlappste Bodysurf-
Versuch bringen mich
einer positiveren
mentalen Ruhe ein
gewaltiges Stück näher.

„

Alles, was wir fühlen,
träumen und hoffen,
ist im Ozean zu finden.
Die Frage ist, ob wir bereit
sind, uns auf die Suche
danach zu machen.

Interview

Wohin die Straße dich führt

Als Alexandra Oetzell nach einem Jahr auf der Kunstakademie in Florenz nach San Diego heimkehrte,
fiel es ihr schwer, sich wieder an die normale Routine des Lebens zu gewöhnen. Stattdessen kaufte sie
sich einen gebrauchten Schulbus und funktionierte ihn zu einem winzigen Heim samt Bett, Tisch mit Stühlen
und Küche um. Anschließend fuhr sie alleine durch Kalifornien und die angrenzenden US-Bundesstaaten.
Ihre Zeit und ihr tägliches Leben werden seither von der Straße, den Menschen, denen sie begegnet,
und ihrer grenzenlosen Abenteuerlust bestimmt.

**Was hat dich bewogen, San Diego hinter dir
zu lassen und in einem Bus zu leben?**

Man kriegt irgendwie so ein unerklärliches Gefühl, wenn
man von einem Ort oder einer Idee angezogen wird. Wie
toll mein Leben in San Diego auch war – die ganzen Leute
dort, die schönen Landschaften und der Ozean – fühlte
ich mich doch stark vom Unbekannten angezogen. Das ist
zugleich eine romantische Vorstellung und eine neue Möglichkeit, mich kennenzulernen. Ich zog ungefähr für ein
Jahr lang los, um genau das zu tun, und es war großartig.

**Wieso hast du dir einen Bus ausgesucht und
nicht ein Campingmobil?**

Ursprünglich hatte ich daran gedacht, mir einen Camper zuzulegen, aber je mehr ich mich umschaute, desto
mehr umfunktionierte Fahrzeuge sah ich. Ich dachte mir:
Das kann ich auch! Ich entschied mich, mir ein leeres
Fahrzeug zu beschaffen, so als Spaßprojekt und Herausforderung, und alte Schulbusse waren leicht zu kriegen.
Ich erwarb also meinen 1987er Ford Econoline. Den
Umbau habe ich größtenteils alleine gemacht. Hilfe holte
ich mir bei so Sachen wie dem Ausbau der Sitze und
dem Einbau eines Grauwassertanks an der Unterseite.

Wie lange lebst du jetzt schon in dem Bus?

Ich bin im Sommer 2016 aus meiner Wohnung aus- und in
den Bus gezogen, da wohnte ich noch in San Diego. Auf
diese Weise sparte ich ein paar Monatsmieten. Ich parkte
einfach um die Ecke und duschte im Fitnessstudio, am
Strand oder bei Freunden. Dann fuhr ich durch Kalifornien,

Nevada, Idaho, Wyoming, Colorado, New Mexico, Texas,
und jetzt bin ich in Louisiana. Als Nächstes will ich nach
Florida. Geplant ist, dass ich danach die Ostküste rauf
nach New York und dann weiter nach Kanada fahre.

**Inspiriert das Unterwegssein dich zu
künstlerischer Arbeit?**

Ich werde total inspiriert von den Dingen, die ich sehe, und
den Menschen, denen ich begegne. Es ist schön zu erleben,
wie sich Landschaften, Kultur und Menschen beim Fahren
direkt vor den eigenen Augen verändern. Ich bin nicht sehr
gut darin, auf Knopfdruck Kunst zu produzieren. Aber ich
male für jeden Staat, durch den ich komme, eine Art Collage.

Wie fühlst du dich als alleinreisende Frau?

Ich genieße es, Zeit allein zu verbringen. Es kann ein bisschen
einsam werden, wenn ich nach drei Tagen oder so unterwegs
keine Freundschaften geschlossen habe, aber das ist kein
Problem. Ich hole gern Versäumtes nach – lese Bücher, die
ich immer schon lesen wollte, schreibe Dinge, die ich immer
schon schreiben wollte, oder male Bilder, die ich immer schon
malen wollte. Ich schließe sehr viele Freundschaften und
habe Liebesaffären, wenn ich reise, was immer herrlich ist.

Frauen, die alleine reisen, bekommen immer »Predigten« zu
hören. Von Fremden, Freunden und Familie: »Tu dies nicht,
geh da nicht hin, sieh zu, dass jemand bei dir ist.« Meist sind
solche Ratschläge nur Ausdruck ihrer eigenen Ängste. Es
ist eine wichtige persönliche Entscheidung herauszufinden,
wo man die Grenze ziehen soll zwischen Abenteuerlust und
Leichtsinn.

Schon bevor ich mit dem Bus gereist bin, war ich allein in anderen Ländern mit dem Rucksack unterwegs. Die Tatsache, dass man allein ist, sollte einen nicht davon abhalten, irgendwohin zu gehen oder irgendetwas zu sehen. Man sollte dabei aber immer auf der Hut sein und seinen gesunden Menschenverstand gebrauchen. Und um Hilfe bitten, wenn man sich unbehaglich fühlt. Allein zu reisen stärkt einen innerlich, und ich hoffe, alle Frauen (und Männer) bekommen eine Gelegenheit, das zu spüren.

Welchen Rat würdest du anderen Frauen geben, die ein Leben im Campingbus in Erwägung ziehen?
Wartet nicht! Wartet nicht auf eure beste Freundin oder euren Lebenspartner. Tut es einfach! Andere können später dazustoßen. Fangt an, nach eurem Traumhaus auf Rädern Ausschau zu halten. Im schlimmsten Fall kauft ihr einen Kleinbus, und er funktioniert nicht – dann könnt ihr ihn wieder verkaufen. Ihr geht keine Riesenverpflichtung ein. Ihr habt ein winziges Haus auf Rädern, das euch große Freiheit verschafft. Springt ins kalte Wasser; zurückrudern könnt ihr immer noch.

Das Leben im Campingbus gibt einem die Möglichkeit, sich selbst so viel besser kennenzulernen. Nach der ersten Woche überwindet man die Angst und Panik, die sich einstellen, wenn man alleine darin schläft. Kleidung und Möbel zu reduzieren ist am Anfang vielleicht schwer, aber es hilft einem, Bedürfnisse von Wünschen zu trennen. Wenn man stirbt, nimmt man auch keine materiellen Dinge mit. Schafft euch bleibende Erinnerungen und packt dafür weniger Zeug ein: Es ist die reinste Wonne. Der Bus ist bloß das Mittel zum Zweck Freiheit zu erlangen.

Wohin gehst du, um wieder einen Bezug zur Natur zu finden?
Wirklich mit der Natur verbunden fühle ich mich, wenn ich im Bus auf dem Land oder in Nationalparks campiere. Ich habe schon Wölfe draußen vor meinem Fenster heulen hören. Ich parke unheimlich gern am Strand oder an einem See: Man kann morgens ein kurzes Bad nehmen, dann zum Bus zurückgehen, um wieder trocken zu werden, und Kaffee machen. Ich fühle mich mit der Natur verbunden, wenn ich aufwache, und die Sonne durch die Vorhänge linst, oder wenn ich über den Bergen oder dem See einen schönen Sonnenaufgang sehe. Ich bin froh, dass ich mit dem Bus aus meiner Komfortzone herauskommen kann; zugleich hilft er, mich hinzubringen.

·········×

> Wenn man stirbt, nimmt man keine materiellen Dinge mit. Schafft euch bleibende Erinnerungen und packt dafür weniger Zeug ein: Es ist die reinste Wonne.

Interview

Strandgut

James Herman wuchs in Oregon in den Vereinigten Staaten auf, aber erst, als er schon über zwanzig war,
stieß er zufällig auf die Treibholz-Forts der Küste. Bei diesen provisorischen Ad-hoc-Gebilden
handelt es sich um einfache Konstruktionen von Tipis bis zu Bretterbuden, gefertigt aus dem Treibholz,
das an den Strand gespült wird. Sie sind eine lokale Tradition, erbaut zum Schutz vor dem Wind,
um Lagerfeuer abzuschirmen oder einfach aus Spaß am Bauen.

Die Treibholz-Forts symbolisieren die zähe Eigenbaukultur des Pazifischen Nordwestens, ein Thema,
das in Manifesten wie Lloyd Khans *Shelter* und dem *Whole Earth Catalog* untersucht worden ist.
Als Jugendlicher hat James diese Bücher verschlungen und seine Kunst drehte sich zunehmend ums Selbstbau-
en. Er dokumentierte die Forts und stellte dazu Fotos und Listen der verwendeten Materialien
ins Internet. Für James geht es hierbei nicht bloß um Kunst; es ist auch eine Hymne auf die Eigenbaukultur.
Diese erforschte er weiter, als er und seine Freunde auf einem von Obstbäumen und Land
umgebenen Grundstück in Los Angeles ein Atelier bauten.

Wie erwachte dein Interesse an den Treibholz-Forts?
Ich ging den Strand in Lincoln City, Oregon, hinunter, wo
ich mich im Rahmen eines Artist-in-Residence-Programms
für Künstler aufhielt. Dort schaute ich regelmäßig vorbei auf
der Suche nach Muschelschalen, Achaten, Treibholz, Steinen
und anderen Dingen, die ich mit zum Atelier nehmen konnte.
Eines Tages waren sie da: graue, plumpe Konstruktionen,
erbaut aus Treibholz oder anderen Trümmern, die an Land
gespült worden waren. Ich hatte solche Forts noch nie im
Leben gesehen. In einigen glommen Überreste von Feuern
vom Vorabend, und Kinder saßen da und sahen zu, wie ihre
Eltern nach Venusmuscheln suchten. Diese Bauwerke beschäf-
tigten mich für den Rest meiner Zeit als Artist-in-Residence;
ich suchte Kilometer um Kilometer Strand nach ihnen ab.

**Kannst du uns ein bisschen von deiner Arbeit im
Zusammenhang mit den Treibholz-Forts erzählen?**
Es gibt da diesen Film, *The Subconscious Art of Graffiti
Removal*, der einen augenzwinkernden Blick auf die Besei-
tigung von Graffiti wirft. Der Film überhöht geschickt
den Status von Leuten, die Graffiti übermalen, indem er
ihre Arbeit zu hoher Kunst erklärt. Ich dachte: »Was wäre,
wenn ich die Treibholz-Skulpturen in ähnlicher Weise
überhöhen könnte?« Deshalb fing ich an, die in den Forts,

die ich ausfindig gemacht hatte, verwendeten Materialien
zu dokumentieren, als würde ich ein Kunstbuch schreiben.
Aber das Projekt entwickelte sich zu etwas anderem – auch
sozial, mit einer Website und einem Instagram-Account.
Inzwischen wurden mir aus Japan, Neuseeland, Australien
und den Vereinigten Staaten Bilder von Forts geschickt.

"

Ich hatte solche Forts
noch nie im Leben
gesehen. Kinder saßen
da und sahen zu,
wie ihre Eltern nach
Venusmuscheln suchten.

Wie hast du zum ersten Mal von der Eigenbaukultur erfahren?

Ich erfuhr auf dem College vom *Whole Earth Catalog* und war begeistert. Ich war komplett fasziniert von der Zurück-aufs-Land-Bewegung, von Kuppeln, Jurten und dem Hippie-Lebensstil. Ich wollte das für mich nachempfinden.

Was gefällt dir am Eigenbau?

Ich denke, bei null anzufangen, mit grenzenlosen Möglichkeiten, ist womöglich die fadeste und langweiligste Art zu bauen. Mein Ansatz besteht darin, etwas Vorhandenes zu finden und ausgehend davon einen Plan zu entwickeln.

Wie haben deine Eigenbau-Aktivitäten sich entwickelt, seit du angefangen hast, Treibholz-Forts zu dokumentieren?

Zum ersten Mal habe ich im Jahr 2012 Forts dokumentiert und über das Verfahren geschrieben. dann zog ich von Oregon nach Los Angeles, um mich in der Kunstwelt besser zu etablieren. Ich wohnte anfangs in einem kleinen Zweifamilienhaus im Viertel Lincoln Heights, das versteckt hinter einem größeren Haus lag. Ich bestieg oft den Hügel am Ende meiner Straße, wo es eine Art Niemandsland gab, eine Reihe von meist freien Bauplätzen mit unglaublichen Ausblicken auf die Stadt. Dort traf ich Paige, die mir die Freiheit ließ und den Platz gab, ein Atelier zu bauen und ein Wirtschaftsgebäude auf seinem Grundstück zu einem kleinen Wohnhaus umzufunktionieren. Es ist ein ausgedehntes Anwesen von fast einem halben Hektar: 20 oder 30 Obstbäume, Tauben, Hühner, Wachteln und jetzt sogar Truthähne und eine Schildkröte. Es verfügt außerdem über zwei voneinander getrennte Gebäude, jedes etwa 18,5 Quadratmeter groß. Ich begriff den heruntergekommenen Zustand der Gebäude und die verwilderten Bäume als einmalige Gelegenheit und begann, mich selbst in die Struktur des Ortes einzubauen.

Versuchst du, im Umfeld deiner Eigenbau-Arbeit in LA eine reale Community aufzubauen?

An meinem Geburtstag veranstaltete ich etwas, das mehr oder weniger ein Scheunenbau war. Statt allen meinen Freunden zu sagen, dass wir uns irgendwo treffen, etwa in einem Lokal, trafen wir uns an der Stelle, die jetzt mein Atelier ist, und arbeiteten gemeinsam, um es herzurichten. Anfangs hatte ich Scheu, etwas zu veranstalten, das hundertprozentig nur mir zugutekäme, aber meine Freunde versicherten mir, dass die Leute, die mithalfen, ebenfalls etwas davon haben würden – das gemeinsame Gefühl, etwas vollbracht zu haben. Also räumten wir das Gelände frei, setzten das Dach auf mein Atelier und aßen und tranken den ganzen Tag. Ich kann solche Aktivitäten nur wärmstens empfehlen, und ich hoffe, für andere Freunde noch weitere veranstalten zu können. Auf dem Weg zum nächsten großen Unterfangen können wir uns alle gegenseitig helfen.

Wie findest du in deinem Alltagsleben einen Bezug zur Natur?

Am Hang herrscht immer reges Leben, zwischen all den Vögeln, Eichhörnchen und Kojoten. Ich laufe, renne und wandere die ganze Woche. Ich habe großes Glück, dass ich dort lebe, wo ich lebe.

········×

„

Ich begriff den heruntergekommenen Zustand als Gelegenheit und begann, mich selbst in die Struktur des Ortes einzubauen.

WIE MAN EINE AUTO-CAMPINGREISE PLANT

Eine der vielen Freuden am motorisierten Campen ist, dass man die Möglichkeit hat, sich einen voll funktionsfähigen und behaglichen Zeltplatz einzurichten. Es geht nichts über ein Lager draußen in der Natur mit ein bisschen häuslichem Komfort. Man kann Dinge mitnehmen, die man bei einem Abenteuer mit leichtem Gepäck nie in Erwägung ziehen würde: ein großes Zelt, eine bequeme Matratze, eine Kühlbox, eine Lagerküche, gusseisernes Kochgeschirr – vielleicht sogar eine Campingdusche. Lasst euch von den nachfolgenden Tipps davon überzeugen, wie großartig Camping mit dem Auto ist.

Recherchiert vor der Abreise die Ziele und Routen. Das Internet kann eine Quelle großartiger Informationen sein, aber Ortskenntnis und Freunde, die Bescheid wissen, sind die besten Garantien dafür, den idealen Platz zu finden.

Informiert euch, wie ihr zum Zeltplatz gelangt und ob euer Wagen den Straßenverhältnissen gewachsen ist. Vergewissert euch auch, ob ihr mit dem Auto bis zum Zeltplatz fahren könnt – andernfalls müsst ihr eure Ausrüstung dorthin tragen.

Ihr solltet lange vor Sonnenuntergang ankommen – je früher, desto besser, um zu vermeiden, das Zelt im Dunkeln aufzubauen.

Erstellt eine Checkliste der unverzichtbaren und verzichtbaren Dinge, die ihr mitnehmen möchtet (siehe gegenüberliegende Seite).

Macht euch mit eurer Ausrüstung vertraut, bevor ihr losfahrt. Baut vor der Abreise mindestens einmal euer Zelt auf. Achtet darauf, dass alle Stangen und Heringe sicher verstaut sind. Vergesst nicht, einen Hammer einzupacken!

Plant eure Mahlzeiten und bereitet, wenn möglich, so viel Essen wie möglich vorher zu. Packt die Lebensmittel in wiederverschließbare Plastikbeutel oder tragbare Behälter – noch besser, benutzt einen Vakuumierer – eine lohnenswerte Investition. Packt die trockenen Lebensmittel alle in einen eigenen Behälter, und legt alles, was kühl bleiben muss, in eine Kühlbox. Nehmt eine zweite Kühlbox mit für Getränke. Sinnvoll ist es, Dinge in der Reihenfolge in die Kühlbox zu packen, in der ihr sie brauchen werdet. Testet euren Kocher, bevor ihr losfahrt.

Verstaut eure Ausrüstung in großen, durchsichtigen und stapelbaren Plastikboxen, die genau in den Kofferraum eures Wagens passen. Sobald ihr mit Packen fertig seid, beschriftet ihr eure Wannen. Bewahrt Messer in einer Werkzeugrolle auf, wo sie geschützt sind, und besorgt euch eine Plastik-Werkzeugkiste mit mehreren Fächern für andere nützliche Kleinigkeiten, wie etwa Flaschenöffner, Werkzeuge und Gummibänder. Große Einkaufstaschen sind ebenfalls sinnvoll, da sie leicht zu öffnen und zu tragen sind.

Nehmt einen Reserve-Autoschlüssel mit und bewahrt ihn irgendwo sicher auf, zusammen mit einer zusätzlichen Taschenlampe. Legt ein zusätzliches Feuerzeug in euer Handschuhfach, um sicherzustellen, dass es trocken bleibt.

Packt euer Fahrzeug systematisch, damit ihr wichtige Dinge wie Zelt, Leuchtmittel und Regenzeug leicht erreichen könnt, wenn ihr mit dem Auspacken anfangt.

WIE MAN FÜR EINE AUTO-CAMPINGREISE PACKT

Campen mag eine der besten Möglichkeiten sein, mit der Natur in Kontakt zu kommen, aber es erfordert Voraussicht und Planung – und eine gute Checkliste. Die folgende Liste wird mit dafür sorgen, dass ihr einen behaglichen Zeltplatz habt und dass ihr keine Spuren eures Besuchs zurücklasst.

Unterkunft, Schlafen und Entspannen
× Zelt (Prüft nochmals, ob ihr alle Stangen, Heringe, Abspannleinen und Ersatzteile dabeihabt.)
× Hammer mit schwerem Metallkopf
× Isomatten oder Luftmatratzen
× Schlafsack, Decken und/oder eine Bettdecke (Steppdecke)
× Kissen
× Stirnlampen und eine Taschenlampe (Stablampe) sowie Ersatzbatterien
× Campingstühle und ein leichter Klapptisch
× Laternen, beispielsweise eine Kerosin-Sturmlaterne, und eine Batterielaterne
× strapazierfähiger Picknickteppich und Decken

Kochen und das Feuer
× Kocher und Brennstoff
× Zwei Kühlboxen (eine für Getränke und eine für Lebensmittel) und Eis
× Trinkwasser und ein leicht zu befüllender Behälter, um Wasser an Ort und Stelle aufzufangen
× Wasserfilter oder Wasseraufbereitungstabletten
× Trichter
× Feuerzeuge und Streichhölzer (in wasserdichten Behältern verstaut)
× Holzkohle (mit Anzünder)
× Feuer- und Anmachholz (Vergewissert euch stets, ob ihr an der Stelle auch Holz sammeln dürft.)

× Bratpfanne (Ideal ist eine 25,5-cm-Pfanne.)
× Lieblings-Camping-Kaffeekocher, beispielsweise eine Aeropress (siehe Seite 262)
× Kochtöpfe, Schalen, Rührschüsseln und Becher (Eine gute Investition sind Behältnisse aus Bambus, BPA-freiem Plastik oder Emaille)
× Utensilien wie Koch-/Hackmesser, Schälmesser, Servierlöffel, Besteck und lange Metallspieße und eine Werkzeugrolle, um alles sicher zu transportieren
× Barbecue-Besteck (Grillzange und lange Gabel)
× Küchenbrett
× Öl zum Kochen
× Gewürze, Salz und Pfeffer
× Plastik- und Frischhaltefolie
× Vakuum-/Thermosflasche
× Wasserflaschen
× luftdichte Behälter für Lebensmittel
× wiederverschließbare Plastik-Aufbewahrungsbeutel
× Müllbeutel

Nützliche Werkzeuge
- Messer (Es muss scharf sein und, wenn es nicht in Gebrauch ist, in seiner Scheide stecken.)
- Säge oder Axt/Beil (Klappsägen sind ein sehr praktisches Campingutensil, um Holz fürs Feuer zu zerkleinern – siehe Seite 254)
- Schaufel oder Klappspaten mit scharfem Blatt (großartig, um Autoräder auszugraben, eine Feuergrube auszuheben, das Feuer zu hüten oder eine Latrine zu graben)
- Multifunktionswerkzeug oder Schweizer Taschenmesser mit Messer, Flaschenöffner, Korkenzieher und Dosenöffner
- Gaffa-Tape (Duct-Tape)
- Schnur oder Paracordseil (zu verwenden unter anderem als Wäscheleine und Spannschnüre für Zeltbahnen)
- Karabiner und verstellbare Gurtbänder (für alles Mögliche zu gebrauchen)

Abwasch und Saubermachen
- Faltwanne für den Abwasch
- biologisch abbaubare Seife
- Edelstahl-Pads und Schwämme
- faltbare Wasserbehälter
- Küchentücher
- Geschirrtücher
- Kehrschaufel und -besen (hilfreich, um das Zelt schmutzfrei zu halten)
- Eimer mit Deckel

Persönliches
- Kulturbeutel mit dem Notwendigsten für die tägliche Hygiene
- Feuchttücher und Handreiniger
- Toilettenpapier in einem wiederverschließbaren Plastikbeutel
- Sonnencreme, Lippenbalsam und Insektenschutzmittel
- Handtücher

Verschiedenes
- Reisegepäck (Sinnvoll sind Rucksäcke, Einkaufstaschen, Matchbeutel und andere weiche Taschen)
- Tagesrucksack
- Ersatzkleidung, vor allem gegen Kälte (Jacken, Kapuzenpullis, Mütze, Socken, Thermowäsche, Fleece, Merino-Unterwäsche, Schwimmzeug – man weiß nie, wie kalt oder nass es wird)
- Regenzeug
- Sonnenhut oder Kappe mit abnehmbarem Moskito-/Fliegennetz
- Wanderstiefel oder -schuhe
- Badelatschen (Flipflops)
- Handschuhe (großartig sind fingerlose: Man bleibt warm und kann trotzdem Dinge im Lager verrichten.)
- Karten und ein Kompass
- Ersatz-Autoschlüssel, an einem sicheren Ort aufbewahrt
- Ersatzbatterien und Zusatzbrennstoff für Laterne(n) und Kocher
- Sonnebrille
- ggf. Ersatzbrille und Ersatzkontaktlinsen
- Erste-Hilfe-Kasten mit Pfeife, Schmerzmitteln und Elektrolyten
- Armbanduhr mit Weckfunktion

Nicht unbedingt erforderlich, aber recht nützlich
- Sonnensegel
- Hängematte
- Moskito-/Fliegennetz
- Dutch Oven
- Fotoapparat
- Regenschirm
- Lesebrille
- Solarmodule (Probieren Sie GoalZero aus.)
- Trekkingstöcke
- Walkie-Talkie
- Bluetooth-Lautsprecher (wasserdicht)
- Fahrrad-/Kajak-/Angel-Ausrüstung

WIE MAN EINEN ZELTPLATZ AUSWÄHLT

Damit ihr das Erlebnis genießen könnt, ist bei der Wahl eures Platzes wichtig, dass ihr wisst, wonach ihr suchen müsst. Zuerst müsst ihr euch darüber klar werden, was euch vorschwebt: ein Aufenthalt auf einem ausgewiesenen Campingplatz mit sanitären Einrichtungen oder ein Abenteuer an einem abgeschiedenen Ort? In letzterem Fall geht es um Schutz vor den Elementen und ein schönes, ebenes Stück Land.

Solltet ihr bislang erst ein- oder zweimal gezeltet haben, dann versucht es vielleicht erst mal auf einem ausgewiesenen Campingplatz. Die verfügen normalerweise über Annehmlichkeiten wie etwa eine ausgewiesene Feuergrube oder Feuerstelle, einen Picknicktisch und Toiletten mit Wasserspülung (manchmal sogar eine Dusche). Versucht, euer Zelt nicht zu nahe an Waschräumen und Toiletten aufzubauen, ein Platz, der einen kleinen Fußmarsch weit weg ist, sorgt für die dringend notwendige olfaktorische Pufferzone.

Erfahreneren Campern bietet ein abgeschiedener Standort oder ein Buschlager mehr Gelegenheiten, für sich zu sein, und das ist zugleich der beste Weg, ganz nah an der Natur zu sein.

Allerdings ist es am besten, sich für einen ausgewiesenen Platz in einem offiziellen Campinggebiet zu entscheiden, damit ihr die Landschaft, die zu genießen ihr so weit gereist seid, am wenigsten in Mitleidenschaft zieht.

Solltet ihr draußen in der Wildnis zelten, wählt einen Lagerplatz in der Nähe eines Flusses oder einer anderen Wasserquelle. So habt ihr Zugang zu frischem Trinkwasser (denkt daran, es vorher abzukochen!), einen Platz zum Baden (bitte in Flüssen und Seen keine Seife benutzen!) und eine Wasserquelle zum Abwaschen, Kochen und Feuerlöschen.

Vermeidet das Campen in alten Flussbetten oder Wasserrinnen und sucht stattdessen nach einem ebenen Bodenstück in der Nähe eines Hangs, sodass das Wasser ablaufen kann, falls es regnet. Denkt an den Stand der Sonne und an Schatten – die Morgensonne trocknet das Zelt, aber ihr möchtet im Idealfall in der Mittagssonne Schatten haben. Zeltet nicht unter einem Baum – herabfallende Äste, Kriechtiere und Insekten können zum Ärgernis werden.

Schlussendlich wählt eine windgeschützte Stelle aus und denkt daran, dass ihr notfalls euer Fahrzeug als Schattenspender oder Windschutz verwenden könnt.

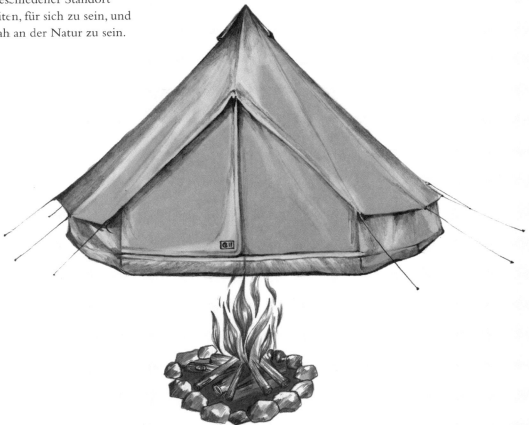

WIE MAN EINEN ZELTPLATZ EINRICHTET

Die Organisation eures Zeltplatzes ist der Schlüssel zu einem entspannten Urlaubserlebnis, denn sobald es dunkel wird, habt ihr keine Lust mehr, herumzustolpern und über ungeordnete Haufen Ausrüstung zu straucheln, während ihr vergeblich nach diesem Topf oder jener Decke sucht. Camping ist ein ungetrübter Genuss, wenn alles seinen vorgesehenen Platz hat damit man es leicht zur Hand hat, wenn man es braucht.

Nach der Ankunft auf einem Campingplatz gilt es, als Erstes die Unterkunfts- und Küchenbereiche einzurichten. Plant diese Plätze, indem ihr eure Ausrüstung auf den Boden legt. Achtet darauf, dass sich Koch-, Ess- und Spülbereiche möglichst weit weg von eurem Zelt befinden.

Sucht euch eine flache Stelle aus, an der ihr euer Zelt aufbauen könnt (siehe Seite 251). Entfernt Steine oder Stöcke, die eure Unterlegplane beschädigen oder für einen ungemütlichen Aufenthalt sorgen könnten. Messt mit Schritten die Größe eures Zeltes ab und stellt sicher, dass ihr an allen Seiten genug Platz für die Abspannleinen habt.

Wenn ihr statt auf ausgewiesenen Lagerplätzen in der Wildnis zeltet, könnte das bedeuten, dass ihr euren eigenen Latrinenbereich anlegen müsst. Sorgt dafür, dass dieser Bereich sich ein gutes Stück von eurem Lager entfernt befindet.

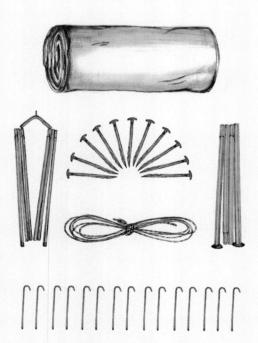

Achtet auf Hygiene und mögliche Probleme durch Wasserverschmutzung. Hinterlasst keine Spuren, das bedeutet vor allem: kein in die Latrine geworfenes Toilettenpapier.

Eine Feuergrube ist wesentlicher Bestandteil eines Campingerlebnisses. Auf einem offenen Feuer zu kochen ist eine der großartigen kulinarischen Erfahrungen, und das Lagerfeuer wird eure Hauptquelle für Licht und Wärme sein. Nutzt wenn möglich einen bestehenden Feuerkreis, den frühere Camper hinterlassen haben. Wenn ihr einen neuen anlegen müsst, wählt einen Bereich von etwa drei Metern Durchmesser aus, der frei von entflammbarem Material und Gras ist – nackte Erde, Sand oder Schotter sind am besten. Wenn ihr einen Klappspaten dabei habt, hebt einen flachen, etwa einen Meter breiten Kreis aus und legt Steine rings um diese Feuergrube, um zu gewährleisten, dass euer Feuer sich nicht ausbreitet (siehe Seite 256).

Haltet euer Lager sauber, um keinen unerwünschten Tierbesuch zu bekommen und um zu verhindern, dass ihr im Dunkeln über Dinge stolpert. Bemüht euch, gute Lagergewohnheiten zu entwickeln, beispielsweise gleich nach dem Essen abwaschen sowie Werkzeuge und Ausrüstungsgegenstände nach Gebrauch wieder an ihren festgelegten Platz legen. Bewahrt sämtliche Lebensmittel und Lebensmittelabfälle in verschlossenen Behältnissen auf, in die Kriechtiere und Insekten nicht hineingelangen können.

Wenn ihr selbst Holz gesammelt habt (siehe Seite 254), haltet es in einem ausgewiesenen Bereich griffbereit. Denkt daran, dass frisch geschlagenes Holz oft trocknen muss. Das geht schneller, wenn es in der Nähe des Feuers lagert, aber bedenkt, dass es sich entzünden kann, wenn ihr nicht achtgebt.

Macht euer Feuer immer aus, bevor ihr schlafen geht oder den Zeltplatz verlasst (siehe Seite 256).

WIE MAN BRAUCHBARE CAMPINGKNOTEN MACHT

Ihr müsst diese simplen Knoten nicht beherrschen, wenn ihr zelten geht, aber sie werden sich als hilfreich erweisen, wenn es beispielsweise darum geht, euer Zelt besonders gut zu verankern oder eine Hängematte aufzuspannen. Die folgenden Klassiker haben sich bewährt und sind bei der Einrichtung eines einfachen Zeltplatzes sehr nützlich.

Der Palstek
Ein klassischer Schlaufenknoten, der verwendet wird, um einen Gegenstand an etwas anderem zu befestigen, wie eine Hängematte an einem Baum oder Nahrungsmittel außer Reichweite von Tieren. Der Palstek ist besonders beliebt, weil er sich unter Gewicht zuzieht, sich nicht löst und, wenn er kein Gewicht hält, leicht zu knüpfen und aufzuknüpfen ist. Er ist leicht zu lernen, wenn ihr euch folgende Eselsbrücke merkt: »Nach oben durch das Kaninchenloch, um den großen Baum; nach unten durch das Kaninchenloch, und weg ist er.«

Kreuzknoten
Eine gute Wahl, um zwei Seile von gleichem Gewicht und gleicher Dicke miteinander zu verbinden: zum Beispiel ein Bündel Anmachholz zusammenbinden oder Müllbeutel fest verschließen. Nicht geeignet, um irgendetwas Schweres zu halten, und unter Spannung wird er sich unweigerlich lösen.

Topsegelschotstek
Ein höchst intelligenter Knoten und brauchbar, um Zelt- oder Zeltbahnleinen an Heringen zu befestigen. Er erzeugt Zugspannung zwischen dem Zelt und dem Hering; wenn er korrekt geknüpft worden ist, lässt sich die Zugspannung leicht lockern oder verstärken.

Zimmermannsknoten
Er wird oft von Baumpflegern oder Waldarbeitern benutzt, um ein Bündel Stämme zu ziehen oder zu schleppen, da er sich unter Belastung zuzieht und sich leicht löst, wenn die Belastung nachlässt.

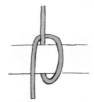 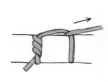

Webleinstek (Mastwurf)
Dies ist ein praktischer, leicht zu lernender Knoten, dessen Hauptfunktion es ist, ein Seil direkt an einem Gegenstand zu befestigen: Tiere anbinden, eine Zeltbahn oder Hängematte festmachen, aber er kann sich lösen, wenn er unter zu wenig Zugspannung steht.

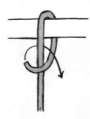  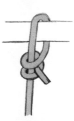

WIE MAN FEUERHOLZ HACKT

Es hat etwas Befriedigendes, fast schon Archaisches, eine Axt zu schwingen und einen Baumstamm zu spalten. Es ist ein stiller Triumph, für ein prasselndes Lagerfeuer gerüstet zu sein, auf das man ein Holzscheit nach dem anderen legt, während man, umgeben von dessen Wärme, gemeinsam isst und langen Geschichten lauscht.

Was ihr braucht:
eine gute Axt
einen Hackklotz (oder Baumstumpf)
festes Schuhwerk
Holzklötze/Stücke Brennholz

Holz sammeln
Bevor ihr Holz sammelt, solltet ihr die Vorschriften in dem Gebiet kennen. Einen Baum zu fällen oder herabgefallene Äste und Zweige aufzusammeln ist nicht immer erlaubt, vor allem nicht in Nationalparks. Wenn ihr feststellt, dass ihr regelmäßig Holzvorräte braucht, empfehlen wir, euch mit eurem örtlichen Förster anzufreunden. Er kann euch auch Ratschläge geben, welche Holzart sich am besten eignet.

Klötze vorbereiten
Ihr müsst das Holz zunächst so weit zerkleinern, dass es sich leichter spalten lässt (nicht abgebildet). Die Scheite müssen so kurz sein, dass sie in eine Feuerstelle passen. Zudem sollten die Enden glatt sein – fürs Holzhacken unerlässlich.

Positionierung der Klötze
Achtet darauf, dass euer Holzklotz aufrecht auf dem Hackklotz – das kann ein passender Baumstumpf oder ein größerer Holzklotz sein – steht. Es ist schwerer, Holzblöcke mit Knoten oder Unregelmäßigkeiten zu hacken, da die Holzfaser dann schwerer zu spalten ist.

Wie man die Axt hält
Beim Holzhacken geht es nicht um Muskelkraft – es geht darum, die Axt zum eigenen Vorteil zu gebrauchen und sie die Arbeit erledigen zu lassen.

Nehmt die Axt in beide Hände, dabei sollte eure bevorzugte Hand den Axtstiel oben in der Nähe des Blattes packen, während eure schwächere Hand den Stiel nahe an seinem Ende greift. Während ihr mit der Axt ausholt, lasst eure bevorzugte Hand am Stiel hinabgleiten bis zu eurer anderen Hand, so erreicht ihr die größte Präzision und Kraft.

Wie man ausholt
Sucht euch einen festen Stand vor eurem Hackklotz. Fluchtet die Axt mit der Richtung, in die ihr schlagen wollt – zielt auf kleine, bereits im Holz vorhandene Risse oder Sprünge, so lässt der Klotz sich leichter spalten. Sobald die Axt ausgerichtet ist, schwingt ihr sie über den Kopf und schlagt schnell und kräftig zu.

Wie man die passenden Scheite erhält
Nachdem ihr einen Klotz halbiert habt, legt die Stücke nacheinander wieder auf den Hackklotz und halbiert sie noch einmal. So erhaltet ihr die passenden Scheite.

Stapeln und Trocknen
Wenn ihr Feuerholz für die Verwendung zu Hause spaltet, müsst ihr es dort stapeln, wo es einerseits vor Feuchtigkeit geschützt ist, die Sonne aber andererseits das Holz gut trocknen kann. Idealerweise solltet ihr euer Feuerholz zu Frühjahrsbeginn hacken, spalten und stapeln, um ihm Zeit zur Trocknung zu geben. Je nach Standort und Klima kann das ein halbes bis ein Jahr dauern. Wenn ihr in einer regnerischen Gegend lebt, deckt euer Feuerholz vor dem geplanten Gebrauch ein paar Wochen lang ab.

Wenn ihr keine Zeit habt zu warten, macht zunächst ein heißes Feuer aus trockenem Holz und Kienspänen und gebt die noch nicht trockenen Scheite erst dazu, sobald das Feuer gut brennt.

So positioniert ihr die Holzklötze

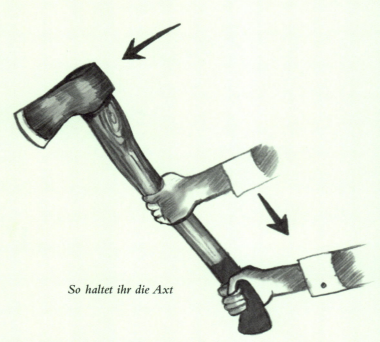
So haltet ihr die Axt

So holt ihr aus

So stapelt und trocknet ihr Klötze und Scheite

WIE MAN EIN LAGERFEUER MACHT

Ein prasselndes Lagerfeuer ist unentbehrlich, wenn man eine Nacht im Busch verbringt. Es ist das Herzstück des Zeltplatzes: der Ort, wo man sich versammelt, um warm zu bleiben, zu kochen und bis weit in die Nacht Geschichten auszutauschen, bis das Feuer nichts mehr ist als schwelende Glut.

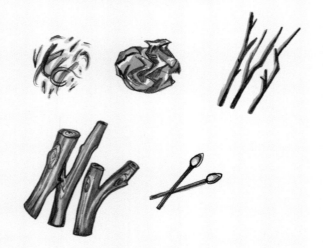

Was ihr braucht:
Spaten oder Schaufel (um die Feuergrube auszuheben und heiße Kohlen zu bewegen)
Zeitungspapier und Holzspäne
Anmachholz (dünne Zweige und Äste etwa in Strohhalmlänge)
Zunder (leichter, trockener Brennstoff wie etwa Rinde und Holzspäne)
Brennholz (dickere Äste, vorzugsweise umgestürzte tote Stämme)

Die Auswahl der Feuerstelle
Mit den Vorbereitungen für euer Feuer müsst ihr weit vor Einbruch der Dunkelheit beginnen, damit ihr sehen könnt, was ihr tut. Als Erstes wählt ihr die Stelle für das Lagerfeuer aus. Wenn ihr euch eure eigene Feuerstelle erst noch schaffen müsst, wählt den Standort sorgfältig aus: frei von Gestrüpp oder trockenem Gras oder anderem, was Feuer fangen könnte. Grabt ein etwa zehn Zentimeter tiefes und einen Meter breites Loch und umgebt es mit einem weiten Kreis aus Steinen, um zu verhindern, dass das Feuer sich ausbreitet.

Die Anordnung von Zunder und Anmachholz
Legt locker zerknülltes Zeitungspapier und Zunder in die Mitte der Feuergrube. Wenn ihr Holz sammelt, sucht nach Weichholz, Rinde, kleinen Zweigen, Pinienzapfen oder Pinienadeln. Ihr könnt ein scharfes Messer benutzen, um feine Streifen Weichholz abzuschälen oder die Rinde zu schreddern (siehe Seite 254). Achtet darauf, dass euer Zunder trocken ist, andernfalls wird euer Feuer hauptsächlich qualmen statt brennen.

Steckt einen dicken Knüppel in der Mitte des Feuerplatzes in den Boden. Lehnt euer Anmachholz in lockerer Tipi-Form dagegen und verteilt den Zunder drum herum.

Das Feuer entzünden
Zündet das Papier und den Zunder an ein paar Stellen rings um das Tipi an. Fügt nach und nach Anmachholz dazu, und platziert es wieder in Tipi-Form. Pustet in die Basis des Feuers, damit es Sauerstoff bekommt und Flammen entstehen. Sobald euer Feuer fröhlich knistert, legt das Brennholz rings um den Fuß. Legt nicht zu schnell nach, sonst erstickt ihr das Feuer, sondern fangt mit zwei Scheiten auf gegenüberliegenden Seiten an und baut das Feuer langsam auf.

Das Feuer löschen
Lasst euer Feuer ganz herunterbrennen, bevor ihr es langsam mit Wasser löscht; möglich, dass es zischt und qualmt, also stellt euch nicht zu nahe dran. Gießt weiter Wasser aufs Feuer, bis das Zischen aufhört. Die Asche sollte bei Berührung kalt sein. Hebt die Steine am Rand euers Feuerkreises auf und betastet den Boden darunter. Wenn sich irgendetwas noch warm anfühlt, müsst ihr das Feuer weiter wässern. Sobald das Feuer zu eurer Zufriedenheit gelöscht ist, sucht den Boden ringsherum nach versprengten glühenden Holzstückchen ab. Sollte Wasser knapp sein, bedeckt die Reste eures Feuers mit Erde oder Sand.

WIE MAN FLEISCH AM SPIESS BRÄT

Ein Fleischstück langsam über einem offenen Feuer zuzubereiten, ist für manche der Höhepunkt urwüchsiger Campingküche. Die Verwendung eines Spießes, den ihr aus einem Hartholzzweig gefertigt habt, ist eine unfehlbare Methode, eure Mitcamper zu beeindrucken. Das sich langsam drehende Fleisch wird sich selbst beizen, und das Ergebnis ist ein schön geschmorter, saftiger Braten.

Einen Spieß herstellen
Nehmt frisches grünes Holz von einem Baum in der Nähe, um euren Einweg-Spießgrill herzustellen. Ihr braucht einen geraden, ca. drei Zentimeter starken Ast aus Hartholz (Buche, Eiche, Esche) mit einem Knick an einem Ende; dies wird die »Kurbel« des Spießes werden. Die ideale Länge hängt von der Größe eures Stücks Fleisch ab. Entfernt mit einem scharfen Jagdmesser, einem Handbeil oder einer Machete alle seitlichen Zweige und schält die Rinde ab. Spitzt ein Ende an (das ohne die Kurbel).

Stützen für den Spieß
Sucht zwei starke Äste, die sich an einem Ende Y-förmig gabeln, auf diesen wird euer Spieß ruhen. Diese Stützen sollten im Idealfall vom Fuß bis zur Gabelung mindestens 25 Zentimeter lang und mindestens drei Zentimeter dick sein. Entfernt die Rinde von beiden Stöcken und spitzt die unteren Enden an. Treibt die Haltegabeln mit Hilfe eines Hammers im erforderlichen Abstand in die Erde, sodass an jedem Ende eures Spießes etwa zehn Zentimeter überstehen.

Was ihr braucht:
flach geschnittenes Lammfleisch, gerolltes Rindfleisch ohne Knochen, ein Lendenstück vom Rind, eine gerollte Schweinelende, ein ganzes Huhn oder ein Kaninchen (jeweils 1,5–2 kg)
2 Knoblauchzehen, fein gehackt oder zerdrückt
eine Handvoll frische Kräuter, wie etwa Rosmarin und Salbei, gehackt oder zerstoßen
Schale einer Zitrone
1 TL Meersalz
frisch gemahlener schwarzer Pfeffer
4 TL Olivenöl

Wenn ihr sehr viele Leute beköstigt könntet ihr das ganze Tier verwenden – Lamm oder Schwein sind ein guter Tipp. Ihr müsst die Größe eures Spießes entsprechend anpassen.

Das Fleisch vorbereiten
Legt das Fleisch bei Zimmertemperatur in einen Plastikbeutel oder eine Rührschüssel. Vermischt in einer zweiten Schüssel den Knoblauch, die Kräuter, die Zitronenschale, Salz, Pfeffer und Öl. Gebt die Hälfte dieser Mischung zum Fleisch, achtet darauf, dass es gleichmäßig bedeckt ist.

Durchstecht mit dem scharfen Ende des Bratspießes das Fleisch der Länge nach. Möglicherweise müsst ihr das Fleisch mit ein oder zwei kleineren Fleischspießen sicher am Spieß befestigen. Für gerolltes Rindfleisch oder flach geschnittenes Lammfleisch nehmt Küchengarn oder Bratenschnur zum Zusammenhalten.

Das Fleisch zubereiten
Macht etwa anderthalb Stunden bevor ihr mit dem Braten beginnen wollt ein Feuer in der Nähe eures Spießgrills. Sorgt dafür, dass das Feuer sehr viel Glut produziert hat, bevor ihr mit der Zubereitung des Fleischs beginnt.

Legt euren Fleischspieß auf die Stützgabeln – euer Spieß sollte etwa 15 Zentimeter vom Glutbett entfernt sein. Stellt eine mit reichlich Wasser- und Weinspritzern gefüllte gusseiserne Schale unter euer Fleisch – sie wird das Bratenfett für die Sauce auffangen und verhindern helfen, dass Flammen auflodern.

Fangt an, mit Schaufel oder Spaten ein Glutbett rings um die Auffangschale und zwischen den Stützgabeln anzulegen. Ihr werdet jetzt merken, dass euer Fleisch langsam brutzelt. Wenn es anfängt, die Farbe zu verändern, benutzt die Kurbel, um es hin und wieder zu drehen. Bepinselt das Fleisch gelegentlich mit dem Rest eurer Kräutermarinade.

Noch ein Tipp: Achtet darauf, einen stetigen Vorrat an Glut zu haben. Das Zubereitungstempo könnt ihr steuern, indem ihr euer Glutbett zum Fleisch hin oder davon weg schiebt.

Die Zubereitungszeit hängt von der Größe und Art eures Bratguts ab, geht von mindestens einer Stunde aus – je langsamer das Fleisch gart, desto besser. Serviert das Fleisch mit im Feuer geröstetem Gemüse, einer Sauce aus dem Bratensatz und einem guten Getränk.

WIE MAN AUF OFFENEM FEUER KOCHT

Es gibt viele Möglichkeiten, auf einem offenen Feuer zu kochen. Mit einem Minimum an Gerätschaften – alles, was man wirklich braucht, ist ein Stock – kann man Lebensmittel auf optimale Distanz von der Hitze halten, um sie mehr oder weniger knusprig zu braten. Sobald man seine kulinarische Bandbreite erweitern möchte, wird man in einige Utensilien investieren müssen, die für die Zubereitung von Gerichten auf offenem Feuer unentbehrlich sind.

Geräte für den Gebrauch über offenen Flammen
Töpfe, Bratpfannen und Kasserollen: Wir bevorzugen zum Kochen auf einem offenen Feuer Gusseisen, da es haltbar ist, das Kochgut gleichmäßig erwärmt und extreme Temperaturen vertragen kann.

Dutch Oven, auch Camp Oven: Ein Dutch Oven ist ein großer Schmortopf mit einem Deckel und Füßen. Die besten dieser aus Westernfilmen bekannten Schmortöpfe sind aus Gusseisen. Der Vorteil eines Dutch Oven ist seine Vielseitigkeit; man kann in ihm so ungefähr jedes Eintopfgericht nachkochen, das man zu Hause auf seinem Küchenherd zubereiten könnte. Ein Dutch Oven hält und verteilt die Hitze gleichmäßig, was bedeutet, dass das Essen nicht so leicht anbrennt. Und er bietet sehr viel Kontrolle beim Kochen, da man ihn mit Glut bedecken oder bei Bedarf weiter weg von der Wärmequelle rücken kann.

Bratroste und Grillplatten: Ein Bratrost ist ein Metallgitter, das das Grillgut auf die richtige Distanz zum Glutbett hält. Mit seiner stabilen, flachen Oberfläche eignet er sich für Töpfe, Pfannen und Kessel. Man kann die Höhe des Bratrosts einstellen oder die Glut unter dem Rost unterschiedlich schichten, um die Hitze zu kontrollieren. Grillplatten sind großartig, um kleinere Stücke Fleisch (Bauchfleisch, Koteletts, Hähnchen) oder Gemüse zuzubereiten, ohne dass sie durch den Rost fallen.

Andere nützliche Kochutensilien fürs Camping
Feuerfeste Backofenhandschuhe: Wenn man einem heißen Feuer zu nahe kommt, kann man sich leicht verbrennen. Ein Paar feuerfeste Backofenhandschuhe sind unverzichtbar für sicheres Kochen am Lagerfeuer.

Löffel oder Gabel mit langem Stiel: Braucht man, um im Essen zu rühren oder es aufzuspießen, Deckel von Töpfen zu nehmen und in der Glut herumzustochern.

Spaten oder Schaufel: Braucht man, um eine Feuergrube auszuheben und Glut hin und her zu schieben.

Wie man ein Feuer macht, das heiß genug zum Braten ist
Bereitet euer Feuer vor und zündet es an (siehe Seite 256). Hartholz ist der beste Brennstoff um eine extrem heiße Glut zu erzeugen, die fürs Braten und Grillen benötigt wird. Hackt euer Hartholz am besten zu Kleinholz (Anmachholz), da kleinere Stücke Holz schneller zu Glut herunterbrennen (siehe Seite 254). Mit Tipis aus Anzündholz ein zweites und sogar ein drittes Feuer zu machen ist eine großartige Möglichkeit, um zu erreichen, dass euer Kochfeuer rasch Glut erzeugt.

Nachdem euer Feuer etwa eine halbe Stunde gebrannt hat, werden die Flammen allmählich kleiner und euer Feuer fängt an, Glut zu erzeugen. Diese wird eine gleichmäßige Hitze abgeben, die ihr kontrollieren könnt, indem ihr Kochgeschirr, Spieß oder Bratrost hin und her bewegt. In dieser Phase müsst ihr darauf achten, die Hitze des Feuers weiter mit frischem Brennstoff anzufachen.

Mithilfe eines Löffels oder einer Schaufel mit langem Stiel könnt ihr die Glut absondern und an die Stelle schieben, die euer Kochfeuer werden wird. Legt weiter Anmachholz auf das Hauptfeuer, denn so erhaltet ihr ständig neue Glut für euer Kochfeuer.

Ihr habt nun die Möglichkeit das Essen entweder direkt über der Glut zuzubereiten, indem ihr einen Topf oder eine Bratpfanne benutzt, oder einen Bratrost oder einen Spießgrill aufzubauen.

Gemüse rösten
Manche Gemüse eignen sich perfekt zum Rösten im Lagerfeuer, ohne dass es großer Vorbereitung oder besonderer Gerätschaften bedarf: Kartoffeln, Süßkartoffeln, Kürbis, Topinambur, Rüben, Kastanien, Knoblauch und Zwiebeln kann man einfach in der heißen Asche vergraben oder sie für etwa eine Stunde in die Nähe der Glut stellen. Nachdem man seine Schätze aus dem Feuer genommen hat, pellt man einfach die äußere Schicht ab oder halbiert das Gemüse und löffelt das weiche Innere aus. Wenn ihr möchtet, dass die Haut des Gemüses unversehrt bleibt, dann wickelt es vor dem Zubereiten in Alufolie oder noch besser in eingeweichte Bananen- oder Palmblätter.

Um Maiskolben zu rösten, weicht sie eine Stunde in Wasser ein und legt sie dann direkt auf die heiße Glut. Etwa 30 Minuten garen, dabei ein paar Mal drehen, und ihr werdet mit wundervoll verkohlten Hülsen und perfekt gedünstetem Mais belohnt werden. Ihr braucht nur noch ein wenig Butter, Salz und Pfeffer dazugeben, und schon seid ihr eine Camping-Kochlegende!

Für die, die es ein bisschen ausgefallen mögen, gibt es nichts Besseres als Hasselback-Kartoffeln: eine knusprige äußere Schicht und ein wunderbar weiches, cremiges Inneres machen diese Kartoffeln zu einem Hit an jedem Lagerfeuer. Verwendet mittelgroße, festkochende Kartoffeln. Legt sie eine nach der anderen in die Mulde eines großen Holzlöffels. Schneidet sie mit einem scharfen Messer ein, bis das Messer an die Löffelkante stößt. Auf diese Art jede Kartoffel von einem Ende zum anderen fächerartig einschneiden; die Schlitze sollten etwa einen halben Zentimeter Abstand haben. Erhitzt dann in einer Pfanne etwas Öl und Butter zusammen mit ein paar dünnen Knoblauchscheiben. Bepinselt die Kartoffeln mit der Mischung und salzt sie kräftig, bevor ihr sie in Folie oder Bananenblätter wickelt oder in einen Dutch Oven legt. Für Extrapunkte könnt ihr zum Schluss geriebenen Käse und Schnittlauch darüber streuen.

WIE MAN SODABROT IN EINEM DUTCH OVEN BACKT

Es gibt nichts annähernd so Befriedigendes oder Einfaches wie Sodabrot über einem prasselnden Lagerfeuer zuzubereiten. Dieses klassische irische Brot ist in Australien als Buschbrot und in Schottland als Bannockbrot oder Gerstenmehlkuchen bekannt – es schmeckt köstlich, egal wo ihr es zubereitet (und wie ihr es nennt). Dieses Rezept braucht nur wenige Zutaten und sehr wenig Vorbereitung, aber es wird eure Mitcamper unendlich beeindrucken.

Was ihr braucht:

3 Tassen Mehl (wir verwenden eine Mischung aus Bio-Vollkorn- und Bio-Weißmehl – experimentiert ruhig)

1 TL Salz

1 gestrichener TL Backnatron oder Backpulver

1 Tasse Buttermilch (oder 1 Tasse Milch, bei Verwendung von Backpulver vermischt mit 1 EL Zitronensaft)

100 g Butter, kalt

3 EL Honig

Optionale Zutaten:

⅓ Tasse gemischte Getreide- und Körnermischung (Sonnenblumenkerne, Hirse, Kürbiskerne, Haferflocken etc.), um dem Teig mehr Konsistenz zu geben. Untermengen, nachdem die flüssigen und trockenen Zutaten vermischt wurden

¾ Tasse Sauerteigstarter, der feuchten Mischung hinzugefügt für ein gesundes, fermentiertes Brot

Ersetzt die Buttermilch durch probiotischen Joghurt oder auch dunkles Starkbier.

Die Zubereitung des Teigs

Mehl, Backnatron bzw. Backpulver und Salz gründlich in einer großen Schüssel vermischen. Wir sieben diese Zutaten zu Hause zusammen und nehmen sie in einem wiederverschließbaren Beutel oder Behälter mit zum Campen.

Die Buttermilch in eine mittelgroße Schüssel geben. In einer kleinen Pfanne neben dem Feuer die Butter erwärmen, bis sie weich ist, dann in die Buttermilch gießen. Den Honig einrühren und alles miteinander vermischen, bis es gut verbunden ist.

Macht in der Mitte der trockenen Mehlmischung eine Vertiefung und gießt die flüssige Mischung langsam dazu. Etwa eine Minute mit einem Holzlöffel rühren, bis die Mischungen sich verbinden – rührt stetig, aber nicht kräftig. Sollte die Mischung zu trocken sein, gebt ein oder zwei Esslöffel Milch oder Wasser dazu.

Die Mischung auf eine leicht bemehlte Oberfläche wie etwa ein Küchenbrett geben und den Teig dann mit bemehlten Händen kneten, bis er eine weiche und beinahe luftige Konsistenz annimmt. Übertreibt's mit dem Kneten nicht – schon vier oder fünf Knetbewegungen sollten genügen. Das Backnatron/Backpulver und die Buttermilch reagieren, sobald sie in Kontakt miteinander kommen, und je weniger der Teig bearbeitet wird, desto besser funktioniert diese Reaktion. Der Grundgedanke ist, das Brot in den Dutch Oven zu bekommen, solange diese Reaktion noch in vollem Gange ist, was bedeutet, so schnell wie möglich.

Die Mischung zu einer Kugel formen und mit der Handfläche leicht abflachen.

Taucht ein Messer in Mehl und macht ein tiefes Kreuz durch die Mitte des Brotes, zieht dabei jede Linie bis zu den Teigrändern durch. So lässt sich das gebackene Brot leichter in Viertel brechen.

Vorbereitung des Feuers und des Dutch Oven
Der Schlüssel zum Brotbacken in einem Dutch Oven ist eine konstante Temperatur um den ganzen Topf herum (siehe Seite 258). Achtet darauf, dass euer Lagerfeuer sehr viel Hartholz enthält, das lange genug gebrannt hat, um eine ordentliche Menge heiße Glut zu erzeugen.

Nehmt ein Küchenhandtuch oder Zeitungspapier und wischt die Innenseite eures Dutch Oven mit einer dünnen Schicht Öl oder Butter aus, danach mit Mehl bestäuben.

Heizt den Durch Oven vor, indem ihr ihn direkt auf das Glutbett stellt. Legt die Teigkugel in die Mitte des Topfs. Setzt den Deckel so auf, dass kein Dampf entweichen kann. Schiebt den Dutch Oven in das Glutbett, nehmt anschließend eine Schaufel, um den Deckel mit Glut und Asche zu bedecken. Möglicherweise müsst ihr das während des Backvorgangs wiederholen.

Backen und letzter Schliff
Das Brot so lange backen, bis die Kruste braun ist. Die Backzeit hängt davon ab, wie heiß die Glut ist, aber im Allgemeinen beträgt sie 25 bis 35 Minuten. Um zu sehen, ob das Brot fertig ist, stecht mit einem Messer in die Mitte des Laibs; wenn das Messer sauber und trocken herauskommt, dann ist das Brot fertig. Wenn das Messer feucht herauskommt und es klebt noch etwas Brotteig daran, dann braucht es noch mehr Zeit. Wenn es fertig ist, klingt es außerdem hohl, wenn man an die Unterseite klopft. Sodabrot schmeckt jedoch auch großartig, wenn es ein bisschen zu wenig oder zu viel gebacken ist, sodass ihr euch keine Gedanken über die perfekte Backzeit machen müsst

Nehmt das Brot aus dem Dutch Oven, bepinselt die Oberseite mit Butter und lasst es unter einem feuchten Geschirrtuch abkühlen. Esst es so bald wie möglich zu einer herzhaften Mahlzeit.

WIE MAN DEN PERFEKTEN LAGERFEUER-KAFFEE KOCHT

Der vertraute Vorgang des Kaffeekochens am Morgen gewinnt an Bedeutung, wenn er sich in der freien Natur abspielt. Er ist erwärmend und beruhigend und die Tasse Kaffee, die man schließlich in Händen hält, während man den Sonnenaufgang beobachtet, ist so viel befriedigender. Die folgende Methode der Zubereitung eines Lagerfeuer-Kaffees bedient sich der leicht zu transportierenden Aeropress, die das perfekte Filtergebräu produziert.

Was ihr braucht:
½ l Wasser
eine Aeropress mit Filter
frische Kaffeebohnen
eine Kaffeemühle
eine Digitalwaage

Die Zubereitung des Kaffees
Bringt mindestens einen halben Liter Frischwasser über dem Lagerfeuer zum Kochen. Während ihr wartet, bis das Wasser kocht, messt 15 Gramm Kaffee ab und mahlt ihn, bis er die Konsistenz von Tafelsalz oder grobem Sand hat.

Spült den Brühzylinder und den Filter der Aeropress mit dem heißen Wasser, und wenn ihr schon mal dabei seid, erwärmt eure Tasse mit dem heißen Wasser. Spart 200 Milliliter heißes Wasser auf, um euren Kaffee zu machen. Wenn ihr fertig seid, nehmt den Brühzylinder und den Filter aus dem Wasser.

Die Aeropress aufbauen
Setzt die Aeropress zusammen, indem ihr den Presskolben mit der Dichtung voran leicht in den Brühzylinder drückt, gegenüber dem Ende, auf das ihr später die Filterkappe schraubt. Stellt die Waage auf eine flache und stabile Oberfläche, stellt dann die Aeropress umgekehrt, mit der Pressvorrichtung nach unten, auf die Waage. Gebt den gemahlenen Kaffee in den Brühzylinder auf die Dichtung. Tariert eure Waage auf null.

Den Brühvorgang starten
Gießt 200 Milliliter kochendes Wasser auf den gemahlenen Kaffee und schaltet den Timer ein. Rührt das Gebräu nach einer Minute gut um und lasst es eine weitere Minute ziehen. Legt einen Filter in die Filterkappe, setzt ihn oben auf den Brühzylinder und dreht ihn fest.

Die Aeropress umdrehen
Setzt eure Tasse auf die Filterkappe. Dreht die Aeropress sehr vorsichtig um, sodass die Tasse nun auf der Waage (oder einem anderen festen, flachen Untergrund) steht.

Den Kaffee filtern
Drückt den Presskolben langsam nach unten, bis das Gebräu vollständig durch den Papierfilter gedrückt ist. Und nun lehnt euch zurück und genießt euren Kaffee.

Die Aeropress aufbauen

Den Brühvorgang starten

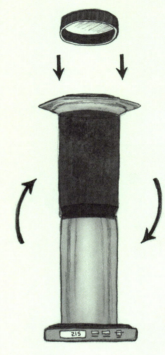
Die Aeropress umdrehen

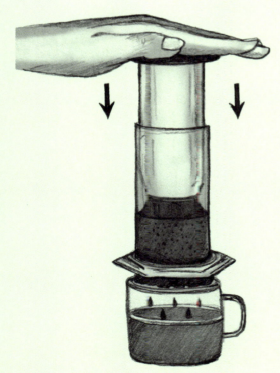
Der Kaffee filtern

Genießen!

WIE (UND WARUM) MAN NACH SEETANG SUCHT

Das Sammeln und Verwenden von Wildpflanzen, ist etwas, das sorgfältig gelernt werden muss. Einige wildwachsende Pflanzen sind giftig, wenige gar tödlich. Aber mit Seetangen (Algen) verhält es sich anders. Viele sind zu schleimig, zu kalkhaltig, zu klein, zu schwer zu essen – oder schmecken einfach nicht gut –, aber es gibt keine giftigen. In die fernöstliche Küche hat Seetang schon vor langer Zeit Einzug gehalten, aber in europäisch geprägten Kulturen wird er bis heute praktisch ignoriert.

Dass Seetang nahrhaft ist, ist allgemein bekannt, aber abgesehen von seinem hohen Mineralien- und Vitamingehalt ist vielen Leuten nicht unbedingt klar, dass er sehr reich an Proteinen und Aminosäuren ist. Der Geschmack? Na schön, hier habt ihr mich vielleicht erwischt. Seetang schmeckt stark nach Meer: ungewöhnlich, aber mild. Es ist ein Geschmack, den man sich erarbeiten muss, aber das ist keine so schwere Aufgabe, wie etwa, sagen wir, zu lernen, den Geschmack von Rote Beete zu mögen. Ich esse fast jeden Tag Seetang, teils wegen seiner Nährwerteigenschaften, aber auch, weil viele andere Nahrungsmittel mit Seetang besser schmecken. Seetang ist reich an Glutaminsäuren und Umami-Aromen, sodass er jedes pikante Gericht aufwerten kann.

Das Problem mit Seetang ist, dass er einfach nicht sehr essbar aussieht. Der durchschnittliche Hobbykoch wüsste angesichts eines Eimers mit dem besten essbaren Seetang wahrscheinlich nicht: wo anfangen? Doch Seetang ist leicht zu sammeln, vorausgesetzt, an eurer Küste gibt es Gezeiten und der Seetang ist mindestens einmal am Tag frei zugänglich.

Die etwa 20 Seetangarten, die als die essbarsten gelten, brauchen gewöhnlich ihre eigene spezielle Zubereitungsmethode. Nabel-Purpurtang (Porphyra umbilicalis), auch bekannt als Purpurtang, Hauttang oder Nabel-Hauttang, der an den die Irische See umsäumenden irischen und walisischen Küsten weit verbreitet ist, muss entweder ungefähr zehn Stunden zu einer klebrigen Paste namens Laverbread (ein Brotfladen aus Seetang und Haferflocken) eingekocht werden oder zu den gebratenen Nori-Blättern verarbeitet werden, die wir von Sushi-Rollen kennen (man findet ihn auch in Asien).

Kelp ist die Bezeichnung für große, zu den Braunalgen gehörende Seetange, die überall auf der Welt vorkommen. Er wird selten direkt gegessen – stattdessen verwendet man ihn, um einem Gericht Geschmack zu geben, bevor man ihn, ähnlich wie Lorbeerblätter, herausnimmt.

Den (Gemeinen) Knorpeltang (Chondrus crispus), manchmal auch als Irisch Moos, Irländisches Moos oder Carrageen-Alge bezeichnet, findet man überall, von Europa über Amerika bis nach Australien, Neuseeland und Ozeanien. Er wird ausschließlich wegen der in ihm enthaltenen komplexen Kohlehydrate verwendet, die den Gelierprozess von auf Milch basierenden Gerichten, wie etwa Panna cotta, unterstützen.

Die Rotalge (Palmaria palmata) ist der vielseitigste Seetang und einem »gewöhnlichen« Gemüse insoweit am ähnlichsten, als man sie braten, kochen, dünsten oder sautieren kann. Der Koch muss diese Techniken einfach lernen und experimentieren, um die Methode zu finden, die für ihn am besten funktioniert.

Die Rotalge ist mein bevorzugter Seetang; schmackhaft, sehr proteinhaltig, leicht zu finden und zuzubereiten. Zuerst wasche und trockne ich sie im Garten auf einem Leinentuch, anschließend gare ich sie im Backofen bei niedriger Hitze, bis sie knackig ist. Dann zerkleinere ich sie im Mixer zu einem feinen Pulver. Dieses Pulver gebe ich so ungefähr zu allem dazu, aber besonders toll macht es sich, wenn man es auf Muscheln oder Weißfisch streut. Und es ist eine todsichere Methode, eure Tischgäste zu beeindrucken.

John Wright, der die Rezepte auf dieser Seite beigesteuert hat, ist ein moderner »Wildbeuter«, der in England lebt. Er teilt seine Fähigkeiten und sein Wissen über nachhaltige Nahrungssuche an der Küste und im Wald, oftmals durch seine Arbeit mit River Cottage, einer Organisation, die gesundes Essen und nachhaltige Landwirtschaft unterstützt.

WIE MAN EINEN WILD-ROSEN-COCKTAIL MIXT

Es gibt wenige Dinge, die der moderne Wildbeuter mehr liebt als eine invasive Art; je mehr man sammelt, desto vortrefflicher kommt man sich vor. Rosa rugosa, eine salzverträgliche Rose, die in Ostasien beheimatet ist, hat sich auf mehreren Kontinenten zunehmend zur Plage entwickelt, nachdem sie von Gärten aus verwilderte, wo sie zur Gestaltung farbenfroher Hecken verwendet wird. Sie hat weite Gebiete Europas erobert, vor allem Küstenregionen, und man findet sie auch sehr häufig in Nordamerika und in den eher städtischen Gebieten Australasiens. Vielleicht habt ihr sogar Rosa rugosa in eurem Garten

Diese Rose hat zwei außerordentliche Eigenschaften: herrlich duftende Blütenblätter und große Hagebutten (das sind die hellroten Früchte, die sich bilden, nachdem die Blütenblätter abgefallen sind). Die Blütenblätter transportieren den klassischen Rosenduft, der sich für klare Schnäpse wie Wodka eignet, während die Hagebutten die Grundlage eines wunderbaren Süßungsmittels namens Hagebuttensirup bilden.

Was ihr braucht:
einen kleinen Korb voll Rosa-rugosa-Blütenblätter
eine Flasche Wodka oder Eau de Vie
 (Tresterschnaps oder Obstbrand)
einen kleinen Korb voll Rosa-rugosa-Hagebutten
Wasser (genug, um die Hagebutten zu bedecken)
Streuzucker

Die Herstellung von Rosenblätterschnaps
Pflückt die Blütenblätter von den grünen Teilen der Blüte, wenn sie sich gerade öffnen (um der erschrockenen Biene zu entgehen, die ansonsten wohl darin zu finden ist). Ein kleiner Korb voll Blütenblätter sollte reichen. In ein Glasgefäß packen und sachte nach unten drücken. Den Deckel auf das Gefäß setzen und die Blätter bei Zimmertemperatur 24 Stunden stehen lassen. Das Gefäß anschließend mit hochwertigem Wodka, Obstbrand oder Tresterschnaps auffüllen, den Deckel wieder aufsetzen und das Ganze eine Woche ziehen lassen. Den Schnaps mithilfe eines engmaschigen Siebs oder eines Stücks Musselin in verschließbare Flaschen abseihen und die Blütenblätter auspressen, damit keine Flüssigkeit verloren geht. Ihr werdet euch nur schwer entscheiden können, ob ihr den herrlich duftenden Rosenblütenwodka trinken oder ihn euch lieber hinter die Ohren tupfen wollt.

Die Herstellung von Hagebuttensirup
Wartet, bis die Hagebutten rot und reif sind, und erntet dann so viele, dass ihr einen kleinen Korb voll habt. In einen mittelgroßen Kochtopf geben und den Topf mit ausreichend Wasser füllen, sodass die Hagebutten gerade bedeckt sind. Kochen, bis die Früchte weich sind. Den Inhalt des Topfs mit einem Kartoffelstampfer behutsam zerquetschen, dann durch einen sehr feinmaschigen Filterbeutel abseihen. Den Beutel ausspülen und noch einmal abseihen, um sicherzustellen, dass keines der den Magen reizenden Härchen, die die Samen zieren, zurückbleibt (Kinder haben Hagebuttensamen immer schon als Juckpulver benutzt). Den Brei mit einer ordentlichen Menge Zucker erhitzen – ihr können mit der Menge experimentieren, aber ein Zucker-Brei-Verhältnis von 1:1 funktioniert gut – und ihr erhaltet Hagebuttensirup. Er kann zwei Wochen im Kühlschrank aufbewahrt werden, oder ihr könnt ihn in Flaschen abfüllen und lagern oder einfrieren.

Das Mixen von Rosenblüten-Cocktails
Rosenblütenschnaps ist ein ziemlicher Härtetest, wenn man ihn pur trinkt, aber wundervoll in Mixgetränken und Cocktails. Ich mixe sehr viele wilde Cocktails, und manchmal besprühe ich ein Glas mit dem Rosenblütenwodka, um dem Ganzen einen Rosenduft zu verleihen. In ein gekühltes Glas von eurem Hagebuttensirup eingerührt, ist er ein Hochgenuss an Sommerabenden.

Der beste Sommercocktail, den ich je probiert habe (meine eigene stolze Erfindung) heißt Pink Pant. Die Mengen überlasse ich eurem eigenen feinen Ermessen, aber die Zutaten sind: Rosenblütenwodka, Hagebuttensirup, Himbeersaft, Zitronenlimonade, Sodawasser und Eis. Prost!

WIE MAN EIN WILDES LÖWENZAHN-PILZ-ALE BRAUT

Wenn in den Appalachen Nordamerikas der Frühling kommt, findet man Baumstämme und Stümpfe, auf denen wilde Austernpilze wachsen, und Felder, die mit Löwenzahn übersät sind. Ein findiger Brauer kann sie sammeln und sein nächstes selbst gebrautes Bier in einen außergewöhnlichen zitrusartigen Trunk verwandeln.

Aber man muss nicht in den Appalachen leben, um dieses Rezept auszuprobieren; die Zutaten wachen auf der ganzen Welt. Stängel und Blätter des Löwenzahns haben einen bitteren Geschmack, die Blüten fügen eine blumige Note hinzu. Austernpilze verleihen diesem Bier einen interessanten holzigen Charakter.

Achtung: Ihr solltet mit der Braukunst vertraut sein, bevor ihr dieses Rezept ausprobiert.

Was ihr braucht:
230 g Löwenzahn, die Blüten von den Stängeln getrennt
340 g Austernpilze
3,6 kg Pilsner Malz
900 g Weizenmalz
900 g Dinkelmalz
230 g Rohweizen
115 g angesäuertes Malz
230 g Reishülsen
7 g Columbus-Hopfen (15,5 % Alphasäuregehalt)
1 Whirlfloc-Tablette
140 g zerstoßenes Himalaya-Steinsalz
1 Päckchen Flüssighefe
1 Fläschchen Wallonian Farmhouse ale yeast von The Yeast Bay
180 g Grundzucker
1 Päckchen Champagnerhefe

Vor dem Brauen die Löwenzahnblüten vom Grün trennen, die Pilze waschen und fein schneiden und die Hefe aus dem Kühlschrank nehmen und auf Zimmertemperatur bringen.

Das Malzschrot (die Körner), die Reishülsen und das Grün des Löwenzahns auf eine Ruhetemperatur von 68 °C einmaischen. 45 Minuten ruhen lassen.

Bei 76 °C läutern.

26 Liter Bierwürze (Maischflüssigkeit) in der Braupfanne sammeln und 75 Minuten bis zum Sieden kochen. Genau auf die Zeit achten. Nach zehn Minuten den Hopfen dazugeben; nach 55 Minuten die Whirlfloc-Tablette; das Steinsalz nach 65 Minuten; und die Hefe nach 70 Minuten.

Austernpilze und Löwenzahnblüten in einen Hopfenbeutel geben. Die Flamme unter der Braupfanne löschen, dann den Beutel in den Kessel geben.

Die gehopfte Würze im Whirlpool klären, dann einen Tauchkühler hineingeben und vor dem Start des Kühlvorgangs 15 Minuten ruhen lassen. Die Würze mit dem Tauchkühler auf 21 °C herunterkühlen.

Mit sterilem Siphon in eine sterile Ballonflasche oder ein anderes für Lebensmittel geeignetes Behältnis abfüllen. Eine Kappe auf die Ballonflasche setzen und zum Belüften fünf Minuten schütteln.

Das Fläschchen Hefe dazugeben. Zum Vermischen weitere fünf Minuten schütteln.

Einen hygienischen Gärspund auf die Ballonflasche setzen und die Flasche in einer dunklen Ecke des Hauses deponieren. Um kein UV-Licht durchzulassen, einen schwarzen Sack darüberstülpen.

Etwa zweieinhalb Wochen gären lassen, idealerweise bei 22 °C. Die Ballonflasche nach fünf Tagen in einen etwas wärmeren Raum zu stellen, um die Hefe in der letzten Phase des Fermentationsprozesses zu unterstützen.

Wenn das Blubbern im Gärspund vollkommen aufgehört hat, in einen sterilen Abfüllbehälter umfüllen. Grundzucker und Champagnerhefe dazugeben. In sterile Flaschen füllen und diese liegend vier Wochen an einem kühlen Ort lagern.

Bei Kellertemperatur (18–23 °C) in einer Tulpe oder einem Weinglas zusammen mit einer Käseplatte oder jeglicher Art von krebsähnlichen Meerestieren servieren.

Bier-Info:
Stammwürze 11,2 Grad Plato; Endwürze 2,2 Grad Plato; 4,7 % vol; 12–15 Bittereinheiten

DJ McCready, ein Brauer aus Asheville, North Carolina, hat in Spitzenbrauereien in den USA und Australien gearbeitet. Heute leitet er die erste unabhängige Kleinbrauerei von Bhutan.

WIE (UND WARUM) MAN NACHHALTIG CAMPT

Camping bietet Gelegenheiten, neue Landschaften zu erleben, unbekannte Nahrungsmittel zu probieren und mit lokalen Erzeugern ins Gespräch zu kommen. Unterwegs ist es möglich, nachhaltiger zu leben als zu Hause, wenn man weiß, wie man packt und wonach man suchen muss, wenn man auf Abenteuerreise ist.

Je nachdem, wie man es angeht, kann eine Campingerfahrung sehr viel verändern. Unserer Ansicht nach stellt sich das beste Campingerlebnis ein, wenn man sich vollkommen auf die Kultur und Natur, die einen umgeben, einlässt.

Es geht darum, auf regionale Nahrungsmittel zurückzugreifen, sowohl wildwachsende als auch lokal erzeugte, und Lagerplätze auszusuchen, an denen es reichlich Ressourcen gibt, beispielsweise Holz für euer Feuer und Wasser für euren Kochtopf. Es geht darum, nur die grundlegenden Dinge mitzubringen, die ihr für euer Wohlbefinden braucht, aber alles andere zurückzulassen, sodass ihr gezwungen seid, euch vor Ort von dem Land zu ernähren, durch das eure Abenteuerreise euch führt.

Natürlich geht es bei Nachhaltigkeit nicht bloß um die Natur. Es geht darum, der Ort, den man besucht, als Ganzes zu respektieren, und das schließt die Menschen ein, die dort leben. Wir haben festgestellt, dass man dazu am besten die einheimischen Erzeuger unterstützt und frische, lokale Nahrungsmittel von ihnen kauft. Diese Nahrungsmittel sind stets die besten, und sie haben die beste CO_2-Bilanz. Außerdem hat man so die Möglichkeit, mit den Einheimischen in Kontakt zu kommen, die einem helfen können, gute Stellen zum Angeln oder für die Suche nach wilden Früchten oder Pilzen zu entdecken. Unterstützt einheimische Gemeinschaften, und diese werden euch unterstützen.

Haltet, wenn ihr herumfahrt, die Augen auf nach Ständen am Straßenrand oder lokalen Sauerteigbäckereien. Fast überall gibt es einen Bauernmarkt, meist am Wochenende. Und wenn ihr mit Einheimischen sprecht, werdet ihr oft auf jemanden mit einem ertragreichen Garten stoßen, der euch irgendetwas verkauft oder zum Tausch anbietet! Schaut euch auch in der Natur um – überall um uns herum gibt es Essbares.

Nachhaltig zu campen ist tatsächlich einfach. Respektiert die einheimische Bevölkerung und die Umwelt, dann garantieren wir euch, dass ihr und zukünftige Camper sich weiterhin wünschen werden, niemals nach Hause zurückkehren zu müssen.

Klug packen

Campen ist ein unaufwendiger Zeitvertreib, perfekt dafür gemacht, sich wieder auf das Wesentliche zu besinnen. Das einzige, worum man nicht herumkommt und worum man sich wirklich Gedanken machen muss, ist, etwas Essbares aufzutreiben – und es dann zu essen! Wie wir diese beiden einfachen Arbeiten verrichten, macht den ganzen Unterschied aus, ob man nachhaltig campt und einfach bloß campt.

Grundnahrungsmittel

Wir bringen lediglich ein paar grundlegende Zutaten mit und beschaffen uns den Großteil unserer Lebensmittel vor Ort. Wir brechen immer auf mit:

× hausgemachter Passata (pürierte Tomaten)

× einer Marmelade oder Konfitüre

× eingelegtem Gemüse, wie etwa Dillgurken oder Kimchi (um beim Reisen keine Magenprobleme zu bekommen)

× Nüssen und Kernen

× Kürbis, Kartoffeln, Süßkartoffeln, Ingwer, Kurkuma, Knoblauch. Dies sind vielseitig verwendbare frische Nahrungsmittel, die sich lange Zeit ohne Kühlung sehr gut lagern lassen und vielen verschiedenen Gerichten leicht Geschmack verleihen!

× unraffiniertem Salz und Pfeffer

× gutem Olivenöl zum Kochen

Wir kochen meist auf dem Feuer, und es ist enorm wichtig, die richtige Ausrüstung dafür dabei zu haben; andernfalls kann das Zubereiten der Mahlzeiten beim Camping zu einer zeit- und kraftraubenden Angelegenheit werden. Es braucht nur ein kleines Feuer, um selbst warm zu bleiben, und wenn man die richtige Ausrüstung hat, dann ist ein kleines Feuer auch alles, was man braucht, um gut zu kochen.

Ausrüstung

Man sollte es nicht übertreiben und alles – samt Spülbecken – mit auf die Reise schleppen. Noch einmal, Campen sollte ein unaufwendiges Vergnügen sein. Die nachfolgenden grundlegenden Dinge packen wir aber immer ein:

× zwei Edelstahl-Teekessel. Da Stahl sich schnell erhitzt, gibt es kein besseres Gefäß, um Wasser zu kochen.

× eine Bratpfanne und einen Dutch Oven aus Gusseisen. Gusseisen speichert Wärme; bei der Zubereitung aufwendigerer Gerichte gibt keinen effizienteren Weg, die Energie eines Feuers maximal zu nutzen.

× eine Thermoskanne. So könnt ihr auf nur einem Feuer euren tagtäglichen Tee/Kaffee kochen und warmes Essen zubereiten, wann es euch am besten passt – und alles den ganzen Tag warmhalten! Für unterwegs haben wir sogar zwei 330-Milliliter-Thermoskannen dabei, um heißen Kaffee mitnehmen zu können, weil sie im Gegensatz zu normalen, wiederverwendbaren Kaffeebechern ein Leben lang halten.

× Kaffeemühle und -maschine (French Press, Espressokanne oder Aeropress – worauf auch immer ihr steht!)

× eine gute Schaufel oder einen Klappspaten. Euer Allzweck-Campinggerät, um Glut zu verschieben, Toilettenlöcher zu graben und für tausend andere kleine Arbeiten, vor allem aber, um sämtliche kompostierbare Abfälle zu vergraben, damit sie nicht auf der Deponie landen. Vergrabt Toiletten- und Nahrungsabfälle immer in mindestens 20 Zentimeter Tiefe und weit weg von Wasserquellen.

× eine hochwertige Kühlbox. Spart hier nicht. Eine gute Kühlbox bleibt auch mit nur einem Gefrierelement bis zu einer Woche kalt!

Hier noch ein Tipp: Vergesst Spülmittel. Solltet ihr nach dem Kochen einen fettigen Topf haben, gebt etwas Holzasche und Wasser hinein und lasst ihn über Nacht stehen. Die Kombination aus Fett und Asche wird über Nacht zu Seife, die ihr erwärmen könnt, um damit am Morgen euren Abwasch zu machen.

Vom lokalen Überfluss profitieren

Wildwachsende Nahrungsmittel können von Ort zu Ort außerordentlich variieren★, aber nach ein paar Dingen, die überall weit verbreitet sind, kann man unterwegs immer Ausschau halten:

× wilder Fenchel. Eine fantastische Würze für Suppen, Eintöpfe etc.

× wilde Äpfel, Pflaumen und Feigen. Sie sehen genauso aus wie die normalen, wachsen aber einfach wild!

× Brombeeren und andere wilde Beeren. Achtet darauf, nicht die am Straßenrand zu sammeln, aber die im tiefen Wald sind im Allgemeinen unbedenklich – gebt lediglich acht, dass die Blätter nicht vergilbt sind, was ein sicheres Zeichen dafür ist, dass ihr woanders suchen solltet.

× Fisch (und auch andere jagdbare Tiere, obwohl Angeln die bei Weitem einfachste Methode ist, an wildes Fleisch zu kommen).★★

★ Sammelt nichts aus der Wildnis ohne genaue Kenntnis oder der Hilfe eines Kundigen.

★★ Vergesst nicht, euch für den Staat, in dem ihr euch aufhaltet, einen Angel-/Jagdschein zu besorgen.

Matt und Lentil Purbrick führen auf ihrer Farm ein nachhaltiges Leben. Sie bauen an, ernten und pflanzen im Takt mit den Jahreszeiten. (siehe Seite 191).

WIE MAN KEINE SPUREN HINTERLÄSST

Das Wichtigste am Camping – eigentlich an jeder Outdoor-Aktivität – ist, dafür zu sorgen, dass man die Natur genauso hinterlässt, wie man sie vorgefunden hat. Das bedeutet, man sollte mit Umsicht und wohlüberlegt reisen: auf bereits bestehenden Wegen fahren und laufen, um die Schäden möglichst gering zu halten; darauf achten, wohin man geht; alles, auch seinen Müll mitnehmen, wenn man einen Ort verlässt und alles, was man bewegt hat, wieder an seinen Platz stellen. Es ist so simpel, wie es klingt, aber im Folgenden findet ihr ein paar Leitlinien für die erfolgreiche Umsetzung des »Leave-No-Trace«-Programms, damit auch ihr beim Camping »keine Spuren hinterlasst«.

Plant beim Wandern eure Route und bereitet euch auf das entsprechende Gelände vor. Zu wissen, wo ihr hin wollt, bedeutet, dass es weniger wahrscheinlich ist, dass ihr von vorhandenen Pfaden abweichen müsst. Spuckt beim Wandern keine Kerne auf den Boden, und pflückt auch keine Blumen – alles, was die natürliche Umwelt verändert, gilt es, tunlichst zu unterlassen.

Baut euer Zelt auf einem bereits bestehenden Platz auf. Wenn das nicht möglich ist, wählt eine Stelle aus, wo die Vegetation bereits gerodet wurde und die ein paar Meter von einer Wasserquelle entfernt ist, um eine Verschmutzung des Wassers durch euren Abwasch oder eure Körperhygiene zu vermeiden. Solltet ihr euer Zelt mit irgendwelchen Steinen verankern, legt diese bei der Weiterreise wieder an ihren Platz zurück.

Organisiert eure Verpflegung im Voraus, sodass ihr nur genau das habt, was ihr auch wirklich braucht; ihr müsst dann später nicht viele Lebensmittelabfälle wegbringen (siehe Seite 249).

Benutzt wo möglich bestehende Feuergruben oder Feuerstellen und haltet das Feuer klein. Seid vorsichtig mit Lagerfeuern – entzündet das Feuer sachgemäß innerhalb eines Feuerrings, sorgt dafür, dass immer jemand das Feuer im Auge behält und dass es klein und beherrschbar bleibt. Achtet beim Verlassen des Zeltplatzes darauf, dass das Feuer ordentlich gelöscht wurde (siehe Seite 256).

Spült euer Küchengeschirr nicht in der nahe gelegenen Wasserquelle – wenn ihr doch Wasser benutzen müsst, holt etwas vom Bach, Fluss oder See und tragt es zurück zu eurem Zeltplatz. In den meisten »Leave No Trace«-Manifesten heißt es, man solle nicht in einem Fluss oder See baden. Wenn ihr euch aber doch in einer Wasserquelle erfrischen möchtet, dann tut es ohne Seife. Vergewissert euch, dass ihr etwa 50 Meter von Flüssen, Seen oder dem Meer entfernt seid, wenn ihr Wasser benutzt, das Seife oder Abwaschrückstände enthält. Wenn ihr fertig seid, kippt das Wasser in der Nähe eures Zeltplatzes weg, um sicherzustellen, dass nichts davon in die Wasserquelle läuft.

Entsorgt alle menschlichen Abfälle (Fäkalien, Urin) ordentlich – das heißt weit weg von Wasser und tief im Boden vergraben. Je weiter weg von Wasser, desto besser, da mit menschlichen Abfällen verschmutztes Wasser zu Erkrankungen führt. Vergrabt euer Toilettenpapier mit den Abfällen, nicht jedoch Tampons oder Binden, diese nehmt wieder mit.

Bewundert Wildtiere aus der Ferne, statt sie zu füttern oder ihnen auf den Pelz zu rücken. Denkt daran, eure essbaren Waren wegzuschließen und sie an einem Ort zu deponieren, den Tiere nicht erreichen können, andernfalls riskiert ihr, dass sie auf der Suche nach Essbarem euren Zeltplatz verwüsten.

Kommt – und geht – mit einem sauberen Zelt. Wenn ihr euer Zelt und eure Schuhe abbürstet, bevor ihr aufbrecht, vermeidet ihr, durch Erdreich übertragene Krankheiten von Ort zu Ort weiterzuverbreiten.

Sucht den Zeltplatz vor eurem Aufbruch gründlich nach irgendwelchen Spuren eures Besuchs ab. Sammelt auch Müll ein, den andere, weniger achtsame Camper möglicherweise zurückgelassen haben.

Danksagungen

Ein Riesendank gilt unseren Beitragenden, deren Texte und Bilder dieses Buch ausmachen. Jede einzelne Geschichte hat uns Freude gemacht und inspiriert. Mit euch allen zusammenzuarbeiten, war eine wunderbar bereichernde Angelegenheit.

Wir danken der talentierten und sprachgewandten Lauren Whybrow, weil sie eine ungemein positive Kraft war und von Anfang an den richtigen Ton für das Buch traf.

Wir danken Kate Armstrong, weil sie sich so sehr für dieses Projekt begeisterte und die Seiten des Buches mit Kreativität und Gespür sorgfältig gestaltete.

Ein großer Dank gilt dem Team von Hardie Grant, vor allem Melissa Kayser, weil sie alle an uns geglaubt und uns ermöglicht haben, dieses Buch zu realisieren.

Wir danken dem Designer Kåre Martens, der Setzerin Megan Ellis und dem ganzen Herstellungsteam bei Hardie Grant, dass sie uns ertragen und ein so umwerfendes Werk geschaffen haben. Wir danken auch der supertalentierten Bec Kilpatrick für die Illustrationen. Die Fotos von Bec und ihrem Partner Andrew Pavlidis haben großen Anteil daran, dass es ein so schönes Buch geworden ist.

Unser Dank gilt außerdem unseren Freunden und unserer Familie für ihre stetige Unterstützung und Ermutigung seit der Gründung von Homecamp.

Und schließlich danken wir unserer Tochter Anais, einer echten kleinen Outdoor-Abenteurerin, dass sie uns daran erinnerte, die einfachen Dinge im Leben zu genießen.

·········✕

Noch mehr Abenteuer und Inspiration

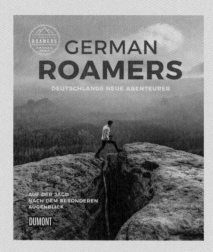

ISBN 978-3-7701-8884-0

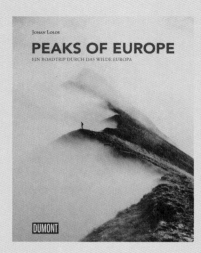

ISBN 978-3-7701-8878-9

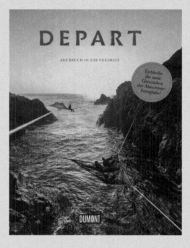

ISBN 978-3-7701-8883-3

Mehr auf www.dumontreise.de

Impressum

Konzept und Text: Doron and Stephanie Francis

Gestaltung Originalausgabe: Hardie Grant Publishing

Deutsches Cover und Satz:
Nicola Hammel-Siebert, Weimar, www.zebraluchs.de

Illustrationen: Bec Kilpatrick

Fotos:
Alle in den Beiträgen gezeigten Bilder © der Autor des Beitrags, mit Ausnahme der folgenden:

Andrew Pavlidis (S. 72–73, 105, 116–117, 172–173, 180–181, 246–247); Andy Summons (S. 30–31); Angus Kennedy (S. 26 & 28); Bec Kilpatrick (Umschlag Rückseite, S. 240–241), Bec Kilpatrick & Andrew Pavlidis (Titelseite, Nachsatz, S. 2–5, 9, 270–271), Ben Leshchinsky (S. 18–19, 62–63, 106–107, 220–221); Brooke Holm (Vorsatz, S. 10–11, 82–83, 188–189); Cat Vinton (S. 100–101); Charlie Kinross (S. 209–211); Daniel Wakefield Pasley (S. 12–13, 140–141); Dmitry Rukhlenko/Cultura RM/imagefolk (S. 102–103); Hilary Walker (S. 7–8); Jackson Loria (S. 96–97); Jonathan Cherry, Melissa Parsons (von oben nach unten S. 78); Kate J. Armstrong (S. 219); Luisa Brimble (S. 174–178); Paul Gablonski (S. 110); Rachel Kay Photography (S. 75); Shantanu Starick (S. 190, 192 & 196–197); The Adventure Handbook (S. 46–47); Vic Phillips (S. 76–77, 80–81); Vladimir Serov/Blend/imagefolk (S. 70); 500px/imagefolk (S. 98);

Übersetzung: Thomas Bertram, Gelsenkirchen

Lektorat: Silwen Randebrock, Berlin, www.textum.biz

Alle Angaben in diesem Buch wurden von den Mitarbeitern des Verlags auf Aktualität und Stimmigkeit geprüft. Eine Garantie wird jedoch nicht übernommen. Der Verlag kann für auftretende Schäden nicht haftbar gemacht werden.

Über Rückmeldungen und Verbesserungsvorschläge freuen wir uns:
DuMont Reiseverlag, Postfach 3151, 73751 Ostfildern;
info@dumontreise.de

Printed in China

© 2017 Hardie Grant Travel bei Hardie Grant Publishing für die Originalausgabe. Originaltitel: *Homecamp. Stories and Inspiration for the Modern Adventurer.*
Übersetzt aus dem Englischen

© 2019 DuMont Reiseverlag GmbH & Co KG
für die deutsche Ausgabe
Alle Rechte vorbehalten.

ISBN 978-3-7701-8224-4
www.dumontreise.de

1. Auflage 2019